Gerhard Bronner

Tränen gelacht

Gerhard Bronner

Tränen gelacht

Der jüdische Humor

Amalthea

Besuchen Sie uns im Internet unter:
http:/www.amalthea-verlag.de

2. überarbeitete Auflage 2004

© 1999 by Amalthea
in der F. A. Herbig Verlagsbuchhandlung GmbH, Wien · München
Alle Rechte vorbehalten
Umschlaggestaltung: Wolfgang Heinzel
Umschlagbild: Margit Münster, Wien
Herstellung und Satz: VerlagsService Dr. Helmut Neuberger
& Karl Schaumann GmbH, Heimstetten
Gesetzt aus der 11,6/14,8 Punkt New Caledonia
Druck und Binden: Ueberreuter Buchproduktion, Korneuburg
Printed in Austria
ISBN 3-85002-439-3

Inhalt

Motto:

Moses gab uns das Gesetz.
Rabbi Jehoschua von Nazareth gab uns die Liebe.
Karl Marx gab uns das soziale Gewissen.
Freud gab uns die Selbsterkenntnis.
Und Einstein sagte: »Alles ist relativ.«

Der Lehrer fordert seine Schüler auf, berühmte
Männer der Vergangenheit zu nennen.
Maxi zeigt auf und sagt: »Moses.«
Der Lehrer sagt: »Sehr gut!«
Franzi sagt: »Jesus Christus.«
Der Lehrer nickt befriedigt.
Hansi sagt: »Karl Marx.«
Der Lehrer nimmt auch dies – wenn auch etwas
widerstrebend – zur Kenntnis.
Peter meldet sich und sagt: »Sigmund Freud.«
»Einverstanden«, sagt der Lehrer.
Der kleine Pauli sagt: »Albert Einstein.«
»Ausgezeichnet«, sagt der Lehrer.
Da meldet sich der kleine Moritz und fragt:
»Bitte Herr Lehrer, darf es auch ein Goj sein?«

Vorwort

Hekatomben von Druckwerken wurden im Verlauf der Jahrhunderte über das Judentum verfaßt und zum Teil sogar gelesen. Es gibt kaum einen Menschen in der zivilisierten Welt – und nicht nur dort – der nicht zu jeder Tages- oder Nachtzeit bereit wäre, zu diesem Thema spontan seine wohlausgewogene Meinung – pro oder contra – kundzutun.

Über den Humor der Juden hingegen wurde kaum geschrieben. Vielleicht liegt es daran, daß kein Mensch etwas gegen Humor an sich einzuwenden hat. Ich habe mich immer schon gefragt, wieso ausgerechnet ein Volk, das in den Jahrtausenden seiner Geschichte so wenig zu lachen hatte, trotzdem in der Lage war, so viel Humor zu produzieren.

Vielleicht ist hier der Ort, einen der größten Humoristen und Satiriker aller Zeiten, den Amerikaner Samuel Langhorn Clemens – besser bekannt als Mark Twain zu zitieren:

»*Wenn man der Statistik glauben darf, so stellen die Juden nicht einmal fünf Promille der Weltbevölkerung dar. Diese Zahl ist so klein, so nichtssagend, daß man eigentlich vom Judentum noch nie gehört haben sollte. Aber dem ist nicht so. Man hört von ihm – hat immer von ihm gehört. Der Beitrag des Judentums zu den großen Errungenschaften der Menschheit auf den Gebieten der Literatur, der Musik, der Medizin, der Wirtschaft sowie auf allen Sparten des abstrakten Denkens steht in keinem wie immer gearteten Verhältnis zu den obenerwähnten fünf Promille.*

Der Jude führt seit alters her einen bewundernswerten Überlebenskampf in dieser Welt, und meist kämpft er mit mindestens einer Hand am Rücken festgebunden. Wäre er hoffärtig – man müßte es ihm verzeihen.

Andere Völker traten aus dem Dunkel der Geschichte hervor, hielten ihre Fackel hoch, doch immer nur für begrenzte Zeit. Ihre Fackel ist erloschen, und sie stehen wieder im Dunkel – oder sie sind verschwunden.

Der Jude sah sie alle kommen und gehen. Und er ist immer noch das, was er immer war. Er zeigt keine Altersschwäche, keine Verfallserscheinung, kein Erschlaffen seiner Energien, keine Trübung seines stets wachen und angriffslustigen Geistes.

Wer vermag das Geheimnis seiner Unsterblichkeit zu ergründen?«

Soweit der Nichtjude Mark Twain. Niemand ist seit damals in der Lage, seine Frage nach dem Geheimnis der Unsterblichkeit des jüdischen Geistes zu beantworten. Ich glaube, daß es der Humor ist, der diesen Geist über Jahrhunderte voller Katastrophen am Leben erhalten hat.

Wir wissen, daß es von Joseph Saphir über Karl Kraus und Kurt Tucholsky bis hin zu Karl Farkas und Ephraim

Kishon unendlich viele Satiriker und Humoristen jüdischer Abstammung gab und gibt. Die Zahl der jüdischen Komiker von Max Linder über Danny Kaye bis Woody Allen ist Legion.

Wieso eigentlich?

Ich habe folgende Überlegung anzubieten: Warum sollte man eigentlich – damals vor der Emanzipation des Judentums – einem Juden zuhören? Er hatte kein Amt, keine politische Funktion, keine Autorität, vor allem hatte er keine Aufstiegsmöglichkeit. Alles was er hatte, war – günstigstenfalls – Witz.

Witz in des Wortes doppelter Bedeutung. Erinnern wir uns doch: »Witz« galt einst in der deutschen Sprache als Synonym für »Klugheit«.

Allerdings: Klugheit verkauft sich schlecht. Sie hat etwas vom Einzelgänger, vom »Rufer in der Wüste« an sich. Klugheit – besonders wenn sie mit Streben nach Wohlstand gepaart ist – erzeugt bei den Mitmenschen Minderwertigkeitsgefühle, die nur allzu leicht in Haß ausarten können. Vielleicht haben deshalb die größten Geister des Judentums ihre Klugheit nicht zum Erwerb irdischer Güter, sondern zur Kultivierung ihrer geistigen Werte verwendet.

Wenn nun also ein Jude glaubte, etwas erkannt zu haben, was er seiner Mitwelt sagen wollte, dann hatte er es schwer. Zumal dann, wenn er nicht eben die Relativitätstheorie erdacht oder das Serum gegen die Kinderlähmung entdeckt hatte. Oder wenn er kein Disraeli war, nicht einmal ein Rothschild …

In so einem Fall gab – und gibt – es für einen Juden nur eine einzige verläßliche Methode, Menschen zum Zuhören zu bewegen: Er muß das, was er sagen will, mit Humor verbrämen. Diese Tradition geht erstaunlich weit zurück. Schon die rabbinischen Gleichnisse aus dem Talmud hatten (nicht nur für die damalige Zeit) einen erstaunlich hohen Unterhaltungswert. Ebenso wissen wir von Sigmund Freud, wie auch von Albert Einstein, daß sie jede Gelegenheit wahrnahmen, eine Anekdote anzubringen, um ihre komplizierten Lehren unterhaltsamer und somit leichter verständlich zu machen.

Und nun versetzen wir uns einmal in die Lage eines Juden, der weder Rabbiner noch Wissenschaftler, schon gar nicht ein Finanzgenie ist, der aber trotzdem glaubt, etwas sagen zu können, was die übrigen Menschen angeht. Welche Chance hat er, einen Zuhörerkreis zu finden?

Richtig. Er wird Spaßmacher.

Denn wenn einer daherkommt, der keine Anstalten macht, seine Zuhörer zu belehren, zu warnen oder gar zu besseren Menschen zu machen – dafür aber im Ruf steht, Menschen zum Lachen bringen zu können – dann hört man ihm viel eher zu. Natürlich ist damit nicht gesagt, daß eine bittere Wahrheit, als »Pointe« verkleidet, eher auf fruchtbaren Boden fällt. Aber die Chance, daß sie es könnte, ist ungleich größer.

Im vorliegenden Buch finden sich zahllose »Wahrheiten« der eben beschriebenen Art. Wir wissen, daß sie – leider – nichts zu ändern vermochten, daß sogar etliche

»Warner« in genau jener Gefahr umgekommen sind, vor der sie ihre Zuhörer gerne bewahrt hätten.

Beim Durchblättern dieses Buches wird eine untergegangene Ära wieder lebendig. Eine Ära, von der nicht einmal die meisten ihrer Zeitgenossen etwas wußten. Eine Welt geschaffen von großen und kleinen Denkern, Sehern, Sprechstellern, Fast-Philosophen und Komödianten, von denen heute zum Teil nicht einmal mehr die Eingeweihten etwas wissen.

Die folgenden Zeilen sind voll Witz und Trauer, Selbstkritik und Furcht, voll von Liebe zur Menschheit und voll des Schreckens vor ihr. Trotzdem – oder vielleicht gerade deshalb – dringt zwischen den Zeilen immer wieder das Kostbarste durch, was der Menschheit je zuteil wurde: der Humor.

Der große jüdische Volksdichter Scholem Alejchem hat einmal geschrieben:

»Wenn ein Tier einen tiefen Schmerz fühlt, dann schreit es. Der Mensch – als einziges Lebewesen dieser Erde – hat noch eine zweite Möglichkeit: er kann lachen.«

Seit dem Erscheinen der ersten Auflage dieses Buches wurden mir einige weitere Geschichten zur Kenntnis gebracht. Diese möchte ich den Lesern der zweiten Auflage nicht vorenthalten.

Religion

Ein kluger Mann – der offensichtlich wußte, wovon er sprach – hat einmal gesagt: »Es gibt kaum zwei Juden auf der Welt, die die gleiche Religion haben.« Das klingt zunächst befremdend, aber bei näherer Betrachtung stellt sich jedoch heraus, daß es innerhalb der jüdischen Glaubenszugehörigkeit unglaublich viele Schattierungen der Gläubigkeit gibt.

Das Spektrum reicht von den Ultraorthodoxen über die Konservativen (die natürlich nichts miteinander zu tun haben wollen) bis hin zu den Reformierten, die von den ersteren schon abfällig als halbe (oder ganze) »Gojim« bezeichnet werden.

Innerhalb dieser Gruppen gibt es zusätzlich noch unzählige Unterabteilungen und Schattierungen der Frömmigkeit, die alle aufzuzählen ein eigenes Buch füllen würden. Ein Buch, das ich ganz sicher nie schreiben werde.

Vielleicht kann sich der unbefangene Leser – falls es einen solchen gibt – anhand der folgenden Geschichten selbst ein Urteil über dieses Phänomen bilden.

Da wäre zunächst einmal die Geschichte von jenem Juden, den es als Schiffbrüchigen auf eine kleine unbewohnte Insel verschlagen hatte, auf der er etliche Jahre im Stil von Robinson Crusoe verweilen mußte.

Eines Tages kam ein Schiff vorbei, dessen Besatzung er durch Rauchsignale alarmierte. Ein Ruderboot wurde ausgesandt, um festzustellen, worum es sich da handelte. Einige Matrosen unter der Führung des zweiten Offiziers kamen an Land und wurden vom »Jüdischen Robinson« freudig begrüßt.

»Wie lange sind Sie schon auf dieser Insel?« fragte der Offizier.

»Genau weiß ich es nicht, aber es müssen schon mehr als zehn Jahre sein.«

»Und wovon haben Sie gelebt?«

»Das war kein Problem, es gibt genug Früchte hier.«

»Und wie haben Sie gehaust?«

»Ich habe mir aus Palmen, Schilf und Treibholz ein Haus gebaut.«

Stolz führte er die Besucher in seine komplett eingerichtete Behausung, die gebührend bestaunt wurde. Dann blickte der Offizier aus dem Fenster und entdeckte noch ein kleines Gebäude.

»Was ist das dort für ein Haus?« wollte er wissen.

»Das? Sie müssen wissen, daß ich ein gläubiger Jude bin, daher habe ich mir dort meine eigene Synagoge gebaut, in der ich regelmäßig beten kann.«

»Sehr schön, wirklich bewundernswert«, sagte der Offizier anerkennend. »Aber ich sehe, daß da drüben auf der anderen Seite noch so ein kleines Haus ist. Was hat das für eine Funktion?«

»Das«, der Jude machte eine wegwerfende Handbewegung, »das ist die Synagoge, in die ich nicht bereit bin, auch nur einen Fuß hineinzusetzen!«

❋

In der Zwischenkriegszeit lebte in Wien ein berühmter Pianist namens Alfred Grünfeld, der eine Art Lokalmatador der wohlhabenden Wiener Juden wurde. Er wurde erstens durch seine »Strauß-Paraphrasen« unsterblich, und zweitens durch die folgende Geschichte:

Zwei Wiener Juden unterhalten sich über ihre Religion und die daraus erwachsenden Probleme. Da sagt der eine:

»Also wissen Sie, meine Familie hat sich im Laufe der Jahre völlig assimiliert. Wir gehen überhaupt nicht mehr in den Tempel, nicht einmal zu den hohen Feiertagen. Das einzige, was wir noch beachten, ist das alljährliche Grünfeld-Konzert.«

❋

Und weil schon von Alfred Grünfeld die Rede ist: Er wurde eines Tages von einer stinkreichen Dame gefragt, ob er bereit wäre, anläßlich einer von ihr veranstalteten Soirée ein Hauskonzert für ihre Gäste zu geben.

»Das hängt von der Gage ab«, sagte Grünfeld.

»Also wie viel verlangen Sie?«

»10 000 Schilling«, was in der Wiener Zwischenkriegszeit sehr viel Geld war.

»Einverstanden«, sagte die Dame, »aber ich möchte vorher eines klarstellen: Weder vor noch nach dem Konzert haben Sie sich unter meine Gäste zu mischen.«

»Unter diesen Umständen«, sagte Grünfeld sehr freundlich, »ermäßigt sich meine Gage auf 5000 Schilling.«

✻

Itzig, ein junger Jude aus Galizien, war aus seinem Schtetl ausgebrochen und nach Wien gezogen. Nach kurzem Aufenthalt in der Großstadt wurde ihm klar, daß er in seiner chassidischen Aufmachung hier keine große Zukunft haben würde. Er entledigte sich zunächst seiner Schläfenlocken, dann seines Bartes, besorgte sich eine für Wiener Verhältnisse standesgemäße Gewandung – und wurde ein erfolgreicher Kaufmann.

Nach einigen Jahren beschloß er, seine Familie in der östlichen Heimat zu besuchen. Zunächst einmal wurde er überhaupt nicht erkannt. Er mußte etliche Male versichern, daß er tatsächlich jener Itzig war, der vor Jahren nach Wien übersiedelt war.

Am nächsten Tag wandte sich seine Mutter an ihn:
»Itzig, mein Kind – ich habe deinen Koffer ausgepackt und deine Kleider aufgehängt.«

»Das ist sehr lieb von dir, Mutter ...«

»Schon, aber mir ist aufgefallen, daß du keinen Kaftan mehr hast, kein Gebetbuch, keinen Gebetsmantel, nichts ... und wie du ausschaust: kein Bart, keine Pejes ... sag mir Itzig, mein Kind...bist du wenigstens noch beschnitten?«

*

Zum Verständnis der folgenden Geschichte muß jenen Lesern, die es nicht ohnehin wissen, erklärt werden, was eine »Mesusah« ist: Die Mesusah ist ein etwa zehn Zentimeter langes Röhrchen, das gläubige Juden am Pfosten ihrer Eingangstüre befestigen. In diesem Röhrchen befindet sich ein zusammengerolltes Stück Pergament, auf dem das jüdische Credo »Schema Jisrael« geschrieben ist. Wenn ein gläubiger Jude ein Haus betritt, hat er die Mesusah zu küssen, und dazu spricht er ein kurzes Gebet: »Gott segne meinen Eintritt.«

Soweit die Fakten. Und nun wird die Sache surreal:

Da wäre zum Beispiel die Sache mit dem israelischen Skiläufer, der sich zum weltbesten Slalomläufer entwickelt hat. Egal, wie kompliziert die Tore ausgesteckt waren, er durchfuhr sie in einem Tempo, mit dem kein anderer Läufer Schritt halten konnte. Kein Wunder also, daß er zu den Olympischen Winterspielen entsandt wurde, um seinem Lande Ruhm und Ansehen zu erbringen.

Seine Startnummer wurde aufgerufen, und er begab sich auf die Piste. Unten am Ziel wartete alles gespannt auf sein hoffentlich neues Rekordergebnis. Dreißig Sekunden vergingen ... vierzig ... fünfzig – er sollte längst angekommen sein, aber es war nichts von ihm zu sehen.

Endlich, nach drei Minuten und 22,78 Sekunden kam er atemlos ans Ziel. Sein enttäuschter Trainer empfing ihn mit den Worten:

»Was ist passiert, Menasche? Wieso hast du so schrecklich lang gebraucht?«

»Es war glatte Sabotage!« erwiderte Moische mit einem wütenden Blick auf die Piste. »Ich möchte wissen, welcher Saboteur mir an jedem Tor eine Mesusah angenagelt hat!«

✡

Ebenso surreal ist die folgende Geschichte: In einem obskuren Schtetl irgendwo im Osten beschloß ein junger Jude, sich ein eigenes Haus zu bauen. Nachdem er vom Häuserbauen keine Ahnung hatte, suchte er bei seinem Rabbi Rat.

»Ein Haus zu bauen ist keine große Sache«, sagte dieser. »Man besorgt sich etwas Lehm, etliche Steine und

Holz. Damit baut man vier Wände, baut ein Dach darauf, dann setzt man die Fenster und die Türen ein. Aber
das Wichtigste ist, daß am Türpfosten eine Mesusah angebracht wird, sonst bringt das Unglück.«

Der junge Mann notierte sich alles, ging davon und
begann zu bauen.

Einige Tage später kam er ganz verzweifelt wieder
zum Rabbi.

»Rabbi, ich habe alles genau so gemacht, wie du es
mir gesagt hast. Das Haus stand fix und fertig da – aber
als ich mit dem Hammer die Mesusah am Türpfosten
einzuschlagen begann, ist das Haus zusammengebro-
chen!«

»Das ist noch kein Grund zum Verzweifeln«, sagte
der Rabbi, »das erste Haus ist immer das schwerste.
Beim zweiten Haus hat man schon einige Erfahrung
gesammelt, so daß die ärgsten Fehler vermieden werden können. Mein Rat ist folgender: Bitte einige
Nachbarn, daß sie dir helfen, das Haus wieder zu er-
richten.«

»Gut, ich will es versuchen ...«, sagte der junge Mann
und wollte gehen.

»Aber vergiß nicht, die Mesusah am Türpfosten anzu-
nageln!« rief ihm der Rabbi warnend nach.

Einige Tage später erschien der junge Mann wieder
beim Rabbi, und seine Miene war womöglich noch nie-
dergeschlagener als beim vorigen Mal.

»Rabbi, ich bin verzweifelt! Ich habe mit Hilfe meiner
Nachbarn das Haus wieder errichtet, es sah wunderschön aus – aber als ich die Mesusah am Türpfosten an-

bringen wollte, ist das Haus beim ersten Hammerschlag wieder umgefallen.«

»Das versteh' ich nicht«, sagte der Rabbi und begann nachzudenken. Nach einigen Minuten des Denkens sagte er: »Es wird am besten sein, wenn ich einmal in den gelehrten Büchern nachsehe, ob über diesen Fall etwas zu finden ist.«

Sprach's, holte einige schwere Folianten aus seinen Regalen und begann zu blättern, während der junge Mann händeringend daneben stand.

Nach geraumer Zeit des intensiven Studiums rief der Rabbi triumphierend aus:

»Aha! Da steht es schwarz auf weiß!«

Der junge Mann fragte hoffnungsvoll: »Was steht da?«

»Der große Rabbi Pinchas ben Elieser schreibt hier wörtlich, daß es ihm genau so ergangen ist!«

*

Juden, welche die Gebote ihrer Religion streng beachten, dürfen zu Pessach bekanntlich kein Brot essen, sondern nur das sogenannte »ungesäuerte« Brot, das man Mazzes nennt. Das sind viereckige dünne Scheiben, die garantiert ohne Hefe gebacken werden, und nach nichts schmecken. Der Ursprung dieser »Delikatesse« ist im alten Testament unter »Exodus« nachzulesen – falls jemand daran interessiert sein sollte – und erinnert an den Auszug der Kinder Israels aus Ägypten.

Ein frommer Jude beschloß eines schönen Pessachtages, seine Mittagspause im Park zu verbringen, da die Sonne schien und er ein wenig die frische Luft genießen wollte.

Er setzte sich also auf eine Parkbank, packte das Essen aus, das ihm seine Frau mitgegeben hatte, und begann mehr oder weniger genußvoll an seinen Mazzes zu knabbern.

Da kam ein Blinder des Weges, der sich mit seinem weißen Stock bis zur Parkbank tastete, und setzte sich dazu. Nach einer Weile fragte er seinen Nachbarn:

»Entschuldigen Sie bitte, was ist das für ein seltsames Geräusch, das ich da höre?«

»Das sind Mazzes.«

»Mazzes? Was ist das?«

Statt vieler Erklärungen, händigte der Jude dem Blinden eine Scheibe Mazzes aus. Der Blinde nahm sie in Empfang, betastete sie lange und ausführlich mit flinken Fingern, dann fragte er:

»Wer hat diesen Blödsinn geschrieben?«

✳

Herschel Ostropoler, der jüdische Till Eulenspiegel, ging eines späten Sabbatabends am Haus seiner Großeltern vorbei und merkte zu seinem Erstaunen, daß bei ihnen noch Licht brannte. Also ging er ins Haus, begrüßte die beiden Alten und erkundigte sich, warum sie noch auf wären.

»Ach«, sagte der Großvater, »mein Weib hat zu lange Kerzen gekauft. Wenn wir schlafen gehen, und die Kerzen brennen lassen, kann vielleicht unser Haus abbrennen. Und auslöschen darf man die Sabbatkerzen nicht, weil sonst der heilige Sabbat entweiht wäre. Also bleiben wir so lange wach, bis die Kerzen abgebrannt sind.«

Herschel dachte einen Moment nach, dann fragte er ganz leise: »Wann beginnt eigentlich das Purimfest?«

»Was hast du gesagt?«

Herschel fragte nun mit erhobener Stimme, während er sich einer der beiden Kerzen näherte: »Ich habe gefragt, wann Purim beginnt!«

Siehe da: beim Buchstaben P verlöschte eine der beiden Kerzen.

»Ich weiß nicht genau, wann Purim beginnt«, sagte der Großvater.

»Das macht nichts«, sagte Herschel, »dann sag' mir wenigstens, wann Pessach ist.«

Und beim Buchstaben P ging die zweite Kerze aus.

»Was hast du getan«, rief der Großvater, »jetzt sitzen wir im Dunkeln!«

»Stimmt. Jetzt könnt ihr endlich schlafen gehen, und kein Mensch hat den heiligen Sabbat entweiht.«

＊

In der »guten alten Zeit«, bevor Tiefkühltruhen erfunden wurden, gab es – nicht nur für Juden – das ungeschriebene Gesetz, daß man Fisch nur in den Monaten essen soll, die ein »r« beinhalten. Also von September bis April.

Am Jom Kippur, dem höchsten jüdischen Feiertag, allerdings darf man bekanntlich überhaupt nichts essen, weil dies ein Fasttag ist.

Jakob Grünberg, ein frommer Jude, ging am Jom Kippur in die Synagoge und kam an einem Fischrestaurant vorbei. Zu seinem Schrecken erblickte er dort seinen Freund Berl Goldscheider, der eben dabei war, höchst genußvoll einige Austern zu verzehren.

»Berl!« rief er voller Entsetzen, »bist du meschugge geworden? Weißt du nicht, daß heute Jom Kippur ist?«

»Natürlich weiß ich das.«

»Und da ißt du Austern?«

»Warum nicht? Im Wort Jom Kippur ist doch ein ›r‹.«

*

Der kleine Aaron kommt vom Religionsunterricht nach Hause. Sein Vater fragt ihn, was er heute gelernt hat. Da beginnt der kleine Aaron zu erzählen:

»Der Lehrer hat uns vom General Moses erzählt, der die Israeliten aus Ägypten herausgeführt hat. Das hat aber dem General Pharao nicht gefallen, also hat er seine Truppen ausgeschickt, um die Israeliten zurückzuholen. Plötzlich konnten die Israeliten nicht weiter, weil ihnen das Rote Meer im Weg war. Also hat der General Moses eine große Atombombe ins Meer geworfen, es hat einen riesigen Krach gegeben, das Wasser hat sich geteilt, die Israeliten sind hinüber, und die Truppen vom General Pharao sind ertrunken.«

»Was? Das hat euch der Religionslehrer erzählt?«

»Nein, aber so wie er das erzählt hat, würde das kein Mensch glauben.«

❋

Seymour Isaakson beschloß, aus Brooklyn in einen besseren Vorort zu ziehen. Doch stellte sich nach einigen Tagen heraus, daß er in seiner neuen Nachbarschaft nur von gläubigen Katholiken umgeben war. Jeden Freitag, wenn seine Nachbarn ein trübes Fischgericht zu verzehren hatten, kam aus Seymours Garten der penetrante Geruch von einem Steak, das er auf offenem Feuer zu braten pflegte.

Das fanden seine Nachbarn unerträglich, und sie bewogen ihn unter allerlei Drohungen und Versprechungen, zum katholischen Glauben überzutreten.

Um des lieben Friedens willen erklärte sich Seymour schließlich dazu bereit. Er wurde in eine Kirche geführt, wo ihn ein Pfarrer mit Weihwasser besprengte und dazu folgende Worte sprach:

»Als Jude bist du geboren, als Jude wurdest du großgezogen, nun bist du Christ!«

Seymours Nachbarn waren überglücklich, denn ab nun würden sie nicht mehr jeden Freitag den Duft von frischgebratenem Steak riechen müssen.

Doch am kommenden Freitag drang wieder in alle katholischen Nasen der gleiche penetrante Duft. Die Nachbarn eilten wutentbrannt in Seymours Garten, um ihn an seine neuen Diätvorschriften zu erinnern. Da sahen sie, wie Seymour ein Steak mit Wasser besprengte und dazu sagte:

»Als Ochse bist du geboren, als Ochse wurdest du großgezogen, nun bist du ein Fisch!«

✱

Ein Amerikaner, ein Engländer und ein Jude waren eben dabei, sich ihrer Abstammung zu rühmen.

Der Amerikaner sagte: »Einer meiner Vorfahren hat die amerikanische Unabhängigkeitserklärung unterzeichnet!«

Der Engländer übertrumpfte ihn: »Einer meiner Vorfahren unterzeichnete die Magna Charta!«

»Das ist noch gar nichts«, sagte der Jude, »einer meiner Vorfahren unterzeichnete die Zehn Gebote!«

✱

Es war wieder einmal eine größere Glaubensdiskussion im Gange. Ein katholischer Priester und ein Rabbiner versuchten, einander auszustechen:

»Ich kann es wirklich nicht verstehen«, sagte der Rabbi, »daß Sie und Ihre Glaubensbrüder immer noch an die unbefleckte Empfängnis glauben können. Diese Legende widerspricht doch sämtlichen wissenschaftlichen Erkenntnissen der Neuzeit.«

»Na und daß die Kinder Israels trockenen Fußes durch das Rote Meer gingen, erscheint Ihnen glaubwürdiger?« konterte der Priester.

Der Rabbi war entrüstet: »Wie können Sie das vergleichen? Das ist doch Geschichte!«

✻

Die gleiche Ausgangsposition. Der Priester fragt den Rabbi:

»Wann werden Sie endlich den dummen Aberglauben aufgeben, daß man kein Schweinefleisch essen darf?«

»Das kann ich Ihnen genau sagen, Hochwürden: bei Ihrer Hochzeit ...«

✻

Ein Rabbi, der zeit seines Lebens kein Schweinefleisch angerührt hatte, wollte wissen, was ihm da eigentlich entging. Daher wollte er einmal in seinem Leben Schweinefleisch kosten. In seinem Heimatort konnte er das natürlich nicht riskieren, daher flog er auf eine entlegene Insel in der Karibik, stieg in einem Luxus-Hotel ab, ging ins Hotelrestaurant und bestellte das teuerste Schweinegericht.

Während er erwartungsvoll dem Essen entgegenfieberte, ging die Türe auf, und sechs Mitglieder seiner Kongregation betraten das Lokal. Natürlich begrüßten sie den Rabbi überschwenglich, und setzten sich zu dessen Leidwesen an seinen Tisch.

Kurz danach erschien der Kellner und servierte dem Rabbi mit ungeheurer Grandezza ein ganzes gebratenes Spanferkel, in dessen Maul ein roter Apfel prangte.

Die Tischrunde blickte den Rabbi entsetzt an, doch dieser sagte seelenruhig:

»Das ist ein seltsames Restaurant ... man bestellt einen Apfel, und so wird er einem serviert.«

✿

Mein Jugendfreund Kurt Ranzenhofer pflegte bei jeder passenden (oder auch unpassenden) Gelegenheit jüdische Witze zu erzählen. Die meisten begannen mit den Worten »zwei Juden sitzen in der Eisenbahn, da sagt der Grün zum Blau ...«

Eines Tages wurde mir das zuviel. Ich unterbrach ihn rüde:

»Jetzt hab' ich langsam genug von deinen zwei Juden in der Eisenbahn! Weißt du nichts anderes?«

»Natürlich weiß ich was anderes«, sagte er, ohne mit der Wimper zu zucken, »hör zu: Zwei Chinesen sitzen in der Eisenbahn, da sagt der Tschang-Kai-Bloch zum Mao-Tse-Kohn ...«

Viele Jahre später habe ich erfahren, daß es seit vielen Jahren in einigen Teilen Chinas tatsächlich jüdische Ge-

meinden gab, so zum Beispiel in Kaifeng, der Hauptstadt der Provinz Hunan. Soweit die historischen Fakten – nun die einschlägige Geschichte:

Simon Aronowitsch hatte geschäftlich in Kaifeng zu tun. Nachdem er seine Geschäfte erledigt hatte, spazierte er planlos durch die Straßen der Stadt. Plötzlich hörte er ganz leise aus einiger Entfernung hebräische Gebete. Da fiel ihm ein, daß eben ein hoher jüdischer Feiertag war, den er total vergessen hatte. Er ging dem Geräusch nach, und das Beten wurde immer lauter. Endlich stand er vor einer Tür, hinter welcher das Beten stattzufinden schien. Er öffnete zaghaft, trat ein und befand sich zu seinem Erstaunen in einer richtigen Synagoge. Er erblickte etliche Chinesen in Gebetsmäntel gehüllt, die in inbrünstigem Gebet vertieft waren.

Simon stellte sich dazu und begann fleißig mitzubeten. Nach einer Weile sah ihn sein Nachbar näher an, neigte sich zu ihm und fragte:

»Sind Sie Jude?«

»Natürlich.«

Der Chinese rückte seine Brille zurecht, betrachtete Simon Aronowitsch eingehend von oben bis unten, dann sagte er kopfschüttelnd: »Komisch ... Sie sehen gar nicht jüdisch aus.«

✻

Jossel Wischnitzer war in jungen Jahren nach London ausgewandert und wurde mit der Zeit als Textilhändler sehr erfolgreich. So erfolgreich, daß er sich fortan Joseph Whiteside nannte, Bart und Schläfenlocken abnehmen ließ und das Gehabe eines englischen Gentlemans annahm.

Etliche Jahre vergingen, da besann er sich seines alten Vaters, der immer noch in Polen lebte. Er lud ihn ein, doch auch nach England zu kommen, da er erstens schon längst im Ruhestand war, und zweitens, weil er für seinen Vater in Polen keine ersprießliche Zukunft sah.

So begab sich's, daß er seinen Vater eines Tages am Victoria-Bahnhof in London abholte. Der Vater erschien natürlich in seiner altgewohnten Tracht, komplett mit Kaftan, pelzbesetzem Hut, langem Bart und ebensolchen Pejes, was den liebenden Sohn eher unangenehm berührte.

Joseph brachte daher seinen Vater nicht in sein feudales Heim, sondern zunächst zu einem alteingesessenen Herrenausstatter in der Saville Road. Dort kleidete er ihn von Kopf bis Fuß neu ein. Dann führte er ihn zu seinem Friseur, der beauftragt wurde, dem greisen Vater den langen Bart zu rasieren sowie die Schläfenlocken abzuschneiden.

Der alte Wischnitzer ließ all das widerspruchslos über sich ergehen, und als der Friseur mit seinem Werk fertig war, betrachtete er sich lange im Spiegel. Dort erspähte er einen höchst ungewohnten Anblick: Er sah einen älteren Gentleman im eleganten Cut, dem der Friseur höflich eine schwarze Melone reichte. Der Alte setzte die Melone auf, nahm den neuen seidenen Schirm zur Hand – und begann bitterlich zu weinen.

»Was ist dir, Vater?« fragte Joseph Whiteside. »Weinst du um deinen verlorenen Bart?«

Der alte Wischnitzer wischte sich die Tränen aus den Augen und sagte:

»Nein, ich weine um unsere verlorenen Kolonien ...«

✿

Gott, der Herr, hatte einige schwere Jahre hinter sich. Die große Verantwortung wurde ihm langsam zuviel, er wirkte müde und abgespannt. Da hatte der Erzengel Gabriel einen Vorschlag:

»Warum, oh Herr, machst du nicht ein bißchen Urlaub? Es würde dir guttun.«

»Was verstehst du unter Urlaub?«

»Tapetenwechsel, ein bißchen ausspannen, damit du auf andere Gedanken kommst.«

»Tapetenwechsel? Soll das heißen, daß ich den Himmel verlassen soll?«

»Ja, warum nicht? Irgendwohin reisen, wo man dich nicht kennt ...«

»Zum Beispiel?«

»Wie wär's mit einem kleinen Ferientrip zur Erde?«

»Zur Erde? Du glaubst im Ernst, daß man mich dort nicht kennt?«

»So wie sich die Menschen auf der Erde betragen, bin ich ziemlich sicher.«

»Hör zu, Gabriel: Als ich das letzte Mal da unten war – vor etwa 2000 Jahren – da hab' ich leichtfertigerweise mit einer jungen Jüdin angebandelt ...«

»Und?«

»... davon reden die Menschen heute noch!«

✱

Salomon Grünzweig beschloß eines Tages, Atheist zu werden. Er ging sogar noch einen Schritt weiter, er schickte seine Tochter ins Sacre Coeur, damit sie nicht Gefahr lief, vom Glauben seiner Väter infiziert zu werden.

Eines Tages kam die Kleine von der Schule heim, und der Vater fragte sie:

»Na, was habt ihr heute in der Schule gelernt?«

»Die Schwester Oberin hat uns heute von der Heiligen Dreifaltigkeit erzählt.«

»Heilige Dreifaltigkeit? Was soll das sein?« wollte Grünzweig wissen.

»Die Heilige Dreifaltigkeit besteht aus Gott Vater, Gott Sohn und dem Heiligen Geist«, belehrte ihn seine Tochter.

»Das ist ein Blödsinn«, brauste Salomon Grünzweig auf, »merk dir eines, mein Kind: Es gibt nur einen einzigen Gott – und an den glauben wir nicht!«

✱

Der kleine Benjamin sitzt am Küchentisch und zeichnet. Da kommt seine Mutter in die Küche und fragt:

»Was zeichnest du da, Benny?«

»Ich zeichne ein Bild von Gott.«

»Aber Benny, es weiß doch kein Mensch, wie Gott aussieht.«

Benny ist nicht aus der Ruhe zu bringen: »Wenn ich mit dem Bild fertig bin, wird man es wissen.«

❋

Schlesinger wird zwecks Beobachtung seines Geisteszustandes in eine psychiatrische Klinik eingeliefert. Da er darauf besteht, nur koschere Speisen zu sich zu nehmen, werden seine Mahlzeiten aus einem jüdischen Restaurant bestellt.

An einem Sabbat besucht der Oberarzt den frommen Juden und trifft ihn mit einer brennenden Zigarre im Mund an. Entrüstet stellt er ihn zur Rede: »Herr Schlesinger, Sie verweigern die Spitalskost, weil sie nicht koscher ist, und jetzt rauchen Sie am heiligen Sabbat Zigarren? Sie müssen doch wissen, daß das nach Ihrer Religion strengstens verboten ist!«

»Verehrter Herr Doktor«, sagt Schlesinger, »irgendeinen Vorteil muß doch der Mensch davon haben, daß er meschugge ist!«

Die Stimme von oben

Damit ist natürlich nicht die Stimme des Nachbarn im oberen Stockwerk gemeint, sondern jene, die noch kein Mensch in meinem gesamten Bekanntenkreis tatsächlich vernommen hat. Damit will ich nicht etwa behaupten, daß es diese Stimme nicht gibt – das hieße sämtliche Propheten des Alten Testaments der Lüge zu bezichtigen, und ich werde mich hüten, dies zu tun – nein, es dürfte vielmehr daran liegen, daß ich bis dato noch nie den Vorzug hatte, einen echten Propheten näher kennenzulernen. Zwar kannte ich einmal eine Dame, die von sich behauptete, täglich mit dem Allmächtigen persönlich zu konversieren, aber die wurde vor längerer Zeit in eine geschlossene Anstalt eingeliefert.

Trotzdem ist innerhalb des reichhaltigen Schatzkästleins des jüdischen Witzes »Die Stimme von oben« ein nicht wegzudenkendes Ingredienz. Hier einige Beispiele:

Ein armer Jude geht in die Synagoge und trägt seinem Schöpfer folgendes Anliegen vor:

»Lieber gütiger Gott, ich weiß nicht mehr aus und ein! Ich rackere mich Tag für Tag ab, um meiner Familie das Leben zu ermöglichen, aber ich bin nicht imstande, Nahrung oder gar Kleidung für die Meinen zu besorgen. Meine Kinder laufen ohne Schuhe herum, sie gehen jeden Abend hungrig zu Bett, meine arme Frau muß für fremde Leute Wäsche waschen und ist nur noch ein Schatten ihrer selbst. Unser Leben ist unerträglich geworden, und ich weiß nicht, wie das auf die Dauer mit uns weitergehen soll. Vielleicht könntest Du es in Deiner allmächtigen Güte so einrichten, daß ich in der Lotterie einen Treffer mache? Es muß ja kein Haupttreffer sein, wir sind ja bescheiden geworden, wir wären dankbar für jede Unterstützung – also bitte lieber Gott, hilf uns!«

Der Mann geht zuversichtlich nach Hause und wartet – jedoch vergebens.

Eine Woche darauf erscheint er wieder in der Synagoge.

»Lieber Gott, ich weiß, daß Du viel zu tun hast, aber wir können nicht mehr lange warten. Es kann doch die Weltgeschichte nicht entscheidend verändern, wenn

Du mir aus der Lotterie ein paar bescheidene Tausender abzweigen würdest. Du bist doch allwissend, also muß ich Dir nicht näher beschreiben, welche Not bei uns daheim herrscht. Wir brauchen das Geld wirklich dringend, also hilf uns, ehe es zu spät ist ...!«

Auch dieses Gebet wurde nicht erhört. Also versuchte er es einige Tage später noch einmal:

»Lieber grundgütiger Gott, ich will ja nicht hadern mit Dir, aber wenn Du wirklich so allmächtig bist, wie man sagt, dann sollte es Dir doch ein leichtes sein, mich in der Lotterie gewinnen zu lassen ...«

Da unterbrach ihn eine dröhnende Stimme von oben:

»Gib mir eine Chance, du Trottel, und kauf' dir endlich ein Los!«

❋

Als Selma Landau in ihrem sechsundfünfzigsten Lebensjahr stand, verstarb ihr Gatte und hinterließ ihr ein ansehnliches Vermögen. Trotzdem war sie untröstlich. Sie konnte sich ein Leben als alternde Witwe überhaupt nicht vorstellen und beschloß, daraus die Konsequenz zu ziehen.

Sie besorgte sich ein größeres Quantum von Schlaftabletten, um ihrem Leben ein Ende zu bereiten. Sie schüttete die Tabletten in ein Glas Wasser und begann umzurühren. Doch noch ehe sie das Glas an die Lippen setzte, hörte sie eine Stimme von oben:

»Selma Landau, tu's nicht! Im großen Buch des Lebens steht geschrieben, daß du noch 30 Jahre auf Erden auszuharren hast!«

Angesichts der Tatsache, daß man mit der »Stimme von oben« nicht diskutieren kann, goß Selma das Glas aus und begann zu überlegen, was sie mit den kommenden 30 Jahren anfangen könnte.

Sie brauchte nicht lange nachzudenken: Sie ging zur Bank und hob eine größere Summe ab. Damit ging sie zu einem Schönheitschirurgen, ließ ihr Gesicht glätten und die Nase umformen. Dann ließ sie sich den Bauch und die Krampfadern entfernen, das Gesäß und den Busen verkleinern, und als sie damit fertig war, ließ sie noch ihre Haare erblonden. Dann verbrachte sie einige Stunden in einem höchst renommierten (und entsprechend teuren) Kosmetiksalon, erwarb beim berühmtesten Modeschöpfer des Landes eine völlig neue, jugendliche Garderobe, und dergestalt war sie bereit, ein ganz neues Leben zu beginnen.

Sie machte sich auf den Weg in die exklusivste Disco, um junge Männer kennenzulernen – doch sie kam nicht weit. Beim Überqueren der Straße wurde sie von einem Lastwagen überfahren und war tot.

Kaum im Jenseits angelangt, machte sie einen Riesenkrach. Sie forderte eine Audienz bei Gott persönlich, um sich zu beschweren.

»Warum hast du mich umkommen lassen? Du hast mir doch ausdrücklich gesagt, daß ich noch 30 Jahre zu leben hätte!«

»Es tut mir aufrichtig leid, Selma«, sagte die Stimme von oben, »aber ich habe dich leider nicht erkannt.«

❀

Rabbi Nachum war bekannt als weiser und gerechter Mann, und trotzdem – oder vielleicht gerade deshalb – hatte er immer wieder arge Schwierigkeiten mit seiner Gemeinde. Fast jeder Gottesdienst gab Anlaß zu stundenlangen Diskussionen, seine Predigten wurden abgelehnt, fast jede seiner Äußerungen wurde als Affront aufgefaßt, und die Stimmung unter den Gemeindemitgliedern war auf dem Nullpunkt angelangt. Manche drohten sogar mit dem Austritt.

Eines Tages wandte sich der Vorsitzende der Gemeinde an den Rabbi:

»Es tut mir aufrichtig leid, Rabbi – aber so geht es nicht weiter. Ich schlage vor, daß wir uns zusammensetzen, um ein für allemal die strittigen Punkte aus der Welt zu schaffen.«

»Einverstanden«, nickte der Rabbi.

Zum vereinbarten Termin erschienen die zehn Mitglieder des Vorstands unter der Führung des Präsidenten sowie der Rabbi im Sitzungszimmer der Synagoge, um die stürmischen Wogen zu glätten. Die würdigen Herren setzten sich um den wuchtigen Mahagonitisch und begannen zu diskutieren. Punkt für Punkt wurde durchgegangen, doch es erwies sich bald, daß die Differenzen unüberbrückbar waren. Nach einigen Stunden verlor der Präsident die Geduld und sagte:

»Rabbi, das führt zu nichts. Ich schlage eine freie und geheime Abstimmung vor. Jeder der Anwesenden soll seine Stimme abgeben, und die Mehrheit wird entscheiden.«

Stimmzettel wurden verteilt, jedes Vorstandsmitglied

schrieb seine Meinung auf einen Zettel, und kurz danach gab der Präsident das Ergebnis bekannt:

»Rabbi, wie nicht anders zu erwarten, lautet das Wahlergebnis 11 zu 1 gegen Sie. Wir bilden also die Majorität!«

Doch der Rabbi gab nicht auf. Er erhob sich würdevoll, streckte einen Arm gen Himmel und rief mit Stentorstimme:

»Ihr glaubt, im Recht zu sein, nur weil ihr die Mehrheit habt? Nun denn, ich rufe mit voller Inbrunst den Allmächtigen an, uns ein Zeichen zu geben. Ein unübersehbares Zeichen, das beweisen soll, daß ich im Recht bin und nicht ihr!«

Ein Blitz zuckte auf, und ein gewaltiger Donnerschlag war zu vernehmen. Der schwere Tisch zerbarst in zwei Teile, der Raum war von schwarzem Rauch erfüllt, und sämtliche Vorstandsmitglieder wälzten sich am Boden.

Nur der Rabbi stand unversehrt auf seinem Platz und blickte mit funkelnden Augen in das eben entstandene Chaos, während ein grimmiges Lächeln um seine Mundwinkel spielte.

Der Präsident erhob sich mühsam, strich über seine versengte Kleidung und richtete sich die Brille zurecht, die ihm von einem Ohr herunterhing. Dann verkündete er:

»Also gut, ich revidiere das Wahlergebnis. Es steht somit 11 zu 2. Ich stelle fest: Der Vorstand hat immer noch die Mehrheit!«

✻

Moses Auerbach, ein frommer Jude, der sein Leben lang streng nach den Vorschriften seiner Religion lebte, hatte unumschränktes Vertrauen in seinen Gott.

Als eines Tages der Fluß über die Ufer trat und seinen Heimatort überschwemmte, begannen die Behörden, alle gefährdeten Bewohner des Ortes zu evakuieren.

Doch Moses weigerte sich, sein Haus zu verlassen. Er sagte: »Gott wird mich beschützen!«

Nach einigen Stunden war das Wasser so hoch gestiegen, daß Moses im oberen Stockwerk Zuflucht nehmen mußte. Da kam ein Mann in einem Ruderboot vorbei und forderte Moses auf, ins Boot zu steigen.

»Das ist sehr freundlich von Ihnen«, sagte Moses, »aber ich vertraue auf Gott. Er wird mich beschützen!«

Der Ruderer zuckte die Achseln und ruderte weiter.

Das Hochwasser stieg immer weiter an, da kam ein Motorboot der Feuerwehr und hielt vor dem Haus.

»Schnell, springen Sie ins Boot!« rief der Feuerwehrmann.

»Nein danke«, erwiderte Moses, »ich weiß, daß Gott mich nicht umkommen lassen wird.«

Nach einer weiteren Stunde mußte Moses auf's Dach klettern, weil das Wasser immer weiter angestiegen war.

Da kam ein Hubschrauber. Eine Strickleiter wurde heruntergelassen, und der Hubschrauberpilot rief:

»Klettern Sie herauf, damit ich Sie in Sicherheit bringen kann!«

Doch Moses weigerte sich. Er vertraute weiterhin auf seinen Gott.

Als ihm das Wasser schon bis an den Hals stand, rief er zum Himmel:

»Allmächtiger! Warum hilfst du mir nicht?!«

Da kam die Stimme von oben: »Du bist ein undankbarer Vollidiot! Zwei Boote hab' ich dir geschickt, dann noch einen Hubschrauber – und du Wurm hast die Chuzpe, mir Vorwürfe zu machen?«

＊

Wolf Goldfarb beschloß eines Tages, sich von seiner Religion loszusagen. Er nannte sich fortan William Goldwyn und wurde ein typischer Engländer mit sämtlichen Begleiterscheinungen eines solchen.

So zum Beispiel tat er eines Tages etwas völlig Ungewohntes: Er fuhr nach Schottland, um zu fischen. Da plötzlich erschien das Seeungeheuer von Loch Ness und attackierte sein Boot. Er wurde hoch in die Luft geschleudert, und das Ungeheuer sperrte seinen Rachen auf, um ihn zu verschlingen.

Der ehemalige Goldfarb rief in höchster Not:

»Lieber gütiger Gott, hilf mir!!!«

Ein Blitz kam vom Himmel, das Monster sperrte seinen Rachen zu, und Goldfarb blieb zwischen Himmel und Wasser in der Luft hängen.

Da ertönte die Stimme von oben: »Du hast doch beschlossen, nicht mehr an mich zu glauben!«

»Na und?«, sagte Goldfarb sehr kleinlaut, »bis vor einer Minute hab' ich auch nicht an das Seeungeheuer von Loch Ness geglaubt ...«

❀

Finkelstein beklagte sich bei einem Freund, daß sein Sohn zum christlichen Glauben übergetreten ist.

»Schrecklich«, sagte der Freund, »mein Sohn ist auch vor einiger Zeit Katholik geworden.«

»Na, was hast du gemacht?«

»Ich habe tagelang um meinen Sohn getrauert, habe geweint und mit dem Schicksal gehadert ...«

»Und dann?«

»Dann habe ich mich an den Allmächtigen gewandt, in der Hoffnung, daß ER mir raten kann.«

»Und was war?«

»ER hat gesagt, ich bin kein Einzelfall. IHM selbst ist es auch nicht anders ergangen.«

»Und hat ER dir auch gesagt, was ER dann gemacht hat?«

»Ein Neues Testament.«

❀

Ein katholischer Pfarrer und ein Rabbiner sind in ein Golfspiel vertieft. Der Rabbiner ist an der Reihe und schlägt den Ball weit am Ziel vorbei.

»Scheiße, daneben!« entfuhr es dem Rabbi.

Der Pfarrer war peinlich berührt: »Rabbi«, sagte er vorwurfsvoll, »einem Mann Ihres Standes geziemt es nicht, solche Worte in den Mund zu nehmen!«

»Entschuldigen Sie, Hochwürden ... aber in der Hitze des Gefechtes ... Sie verstehen ...«

»Schon gut, ich will es überhört haben.«

Das Spiel ging weiter, doch als der Rabbiner wieder einen Ball verfehlte, rief er wieder: »Scheiße, daneben!«

»Rabbi, Sie haben doch versprochen ...«

»Ja, ich weiß, ich verspreche Ihnen hoch und heilig, daß es nie wieder vorkommen wird.«

»Und wenn doch?« wollte der Pfarrer wissen.

»Dann möge der Allmächtige einen Blitz herniedersenden, um mich zu erschlagen.«

Der Pfarrer nickte befriedigt, und das Spiel ging ohne ordinäre Zwischenbemerkungen des Rabbiners weiter.

Doch nach einer Weile verfehlte der Rabbi wieder einen Ball. Wie nicht anders zu erwarten schrie er wieder: »Scheiße, daneben!«

Eine Schrecksekunde danach kam ein Blitz aus heiterem Himmel und erschlug den armen Pfarrer.

Da ertönte eine donnernde Stimme von oben:

»Scheiße, daneben!«

❁

Der Rabbi

Eigentlich sollte dieses Kapitel »Der Rabbiner« heißen, »Rabbi« ist nur die Abkürzung. Hinter dieser Bezeichnung verbirgt sich nicht nur das geistliche – wenn möglich auch das geistige – Oberhaupt der jüdischen Gemeinde, sondern auch einer der häufigsten und beliebtesten Hauptdarsteller des jüdischen Witzes schlechthin. Zahllose Geschichten beginnen damit, daß ein katholischer Pfarrer, ein evangelischer Pastor und ein Rabbi über irgend etwas diskutieren, und in 999 von 1000 Fällen gehört die Pointe dem Rabbi. Liegt es wirklich nur daran, daß all diese Witze von Juden erfunden wurden? Wenn ja, wieso haben nicht irgendwelche Katholiken oder Protestanten schon längst diesen Trend umgekehrt und Witze erfunden, in denen der Rabbi lächerlich gemacht wird?

Natürlich gibt es auch solche Witze, aber sie stammen fast durchwegs von Juden. Warum eigentlich? Dazu muß man wissen, daß ein Rabbi nicht vom Himmel fällt, auch nicht von Gott bestimmt, sondern von der Mehrheit der Gemeinde gewählt wird. Wobei zu bedenken ist, daß die Angehörigen der Minderheit natürlich böse sind. Erstens, weil sie die Wahl verloren haben, und zweitens sind sie naturgemäß böse auf den Rabbi, den sie nicht gewählt haben. Das sieht in der Praxis so aus:

Der Rabbi ist erkrankt und wird ins Spital eingeliefert. Nach einigen Tagen erhält er folgendes Telegramm:

»Der Vorstand der Gemeinde wünscht nach eingehender Diskussion seinem verehrten Rabbiner eine baldige Genesung – und zwar wünscht er dies mit einer Mehrheit von sieben gegen fünf Stimmen.«

✳

Trotz der frommen Genesungswünsche ist der Rabbi selig entschlafen, und ein Nachfolger muß gesucht werden. Etliche Absolventen des einschlägigen Seminars werden auf Herz und Nieren geprüft, bis nur noch ein einziger Kandidat übriggeblieben ist. Elf Mitglieder des Vorstands stimmen für ihn, nur ein einziger Querkopf ist nicht zu überzeugen und stimmt dagegen.

»Was hast du gegen den Kandidaten?« fragt der Vorsitzende.

»Er gefällt mir nicht«, sagt der Querkopf.

»Es handelt sich hier nicht um eine Schönheitskonkurrenz, sondern um die Wahl eines Rabbis. Der Mann ist ein Gelehrter, hat seine Studien mit Auszeichnung absolviert, hat ein gutes Benehmen, und was das Wichtigste ist: elf Mitglieder des Vorstandes stimmen für ihn.«

»Mich überzeugt er nicht.«

Da nimmt der Vorsitzende den Querkopf beim Arm und führt ihn aus dem Sitzungszimmer.

»Jetzt hör gut zu: Der Mann ist nicht nur ein Gelehrter, er ist ein Heiliger.«

»Das kann jeder sagen!«

»Ich kann es beweisen: Vor einigen Tagen bin ich mit ihm durch einen Park spaziert, in dessen Mitte ein großer Teich ist. Plötzlich fällt ein kleines Kind ins Wasser, allgemeine Panik entstand, doch der Rabbi blieb ganz ruhig. Er ging trockenen Fußes über das Wasser und rettete das Kind. Das habe ich mit eigenen Augen gesehen! Was sagst du jetzt?«

»Ich stelle fest, du willst allen Ernstes einen Mann zum Rabbi machen, der nicht einmal schwimmen kann!«

❁

Zwei Chassidim streiten, wessen Rabbi der größere ist. Da sagt der eine:

»Mein Rabbi spricht mindestens einmal in der Woche mit Gott persönlich!«

»Woher weißt du das?«

»Der Rabbi hat es mir selbst gesagt!«

»Und du glaubst das?«

»Natürlich glaube ich das.«

»Also ich glaube das nicht. Gibt es dafür irgendwelche Beweise?«

»Selbstverständlich. Glaubst du wirklich, Gott wird sprechen mit einem Lügner?«

❋

Zwei andere Chassidim in der gleichen Ausgangssituation:

»Wenn mein Rabbi des Nachts seine Rebbetzin beglückt, da kommen vom Himmel sechs Cherubim herunter, und heben ihn sorgsam auf die Rebbetzin hinauf. Wenn er mit seinem Geschäft fertig ist, erscheinen wieder zwei Cherubim und heben ihn herunter.«

»Das versteh' ich nicht«, meint der zweite, »wieso bedarf es nachher nur zwei Cherubim und vorher sechs Stück, um ihn heraufzuheben?«

»Nu will er denn?«

❋

Eines Tages kommt ein Mann zum Rabbi, der auf den ersten Blick ganz normal zu sein scheint – ein Schein, der sich alsbald als trügerisch erweisen wird. Das einzige äußerliche Merkmal, das ihn von anderen unterscheidet, ist die seltsame Tatsache, daß an seinen Schuhen etliche kleine Glöckchen befestigt sind. Der Mann bringt ein unerwartetes Anliegen vor:

»Rabbi, ich hab gehört, daß die Gojim beichten gehen, wenn sie ein schlechtes Gewissen haben. Stimmt das?«

»Ja, das stimmt«, bestätigt der Rabbi, »aber was geht das dich an?«

»Ich möchte auch gern mein Gewissen erleichtern, könntest du mir vielleicht eine Beichte abnehmen?«

»Wenn du wirklich glaubst, daß du bei mir dein schlechtes Gewissen erleichtern kannst, können wir es ja versuchen. Aber zuerst sag' mir, wozu hast du diese Glöckelach an den Schuhen?«

»Das ist schnell erklärt«, sagt der Mann mit dem schlechten Gewissen, »ich bin ein sehr empfindsamer Mensch. Wenn ich über einen Feldweg gehe, kommen mir alle möglichen kleinen Tiere entgegen: Ameisen, Käfer, Würmer und sonstige kleine Lebewesen. Die sollen von den Glöckelach gewarnt werden, damit sie ausweichen können und nicht von mir zertreten werden.«

»Aha«, sagt der Rabbi kopfschüttelnd. (Genau genommen sagte er nicht »aha«, sondern das jiddische Äquivalent für »aha«, nämlich »esoj« – aber laßt uns nicht abschweifen.)

»Kann ich jetzt mit der Beichte beginnen?«

»Soll sein«, seufzt der Rabbi.

»Du mußt wissen, Rabbi«, beginnt der Mann mit den Glöckelach, »ich bin nicht nur sehr empfindsam, sondern auch sehr leidenschaftlich. Daher habe ich vor einiger Zeit ein Verhältnis mit einer verheirateten Frau begonnen ...«

»Weißt du nicht, daß geschrieben steht: Du sollst nicht begehren deines Nächsten Weib ...?«

»Ich weiß, ich weiß ... aber das ist nicht alles. Diese Frau hat eine wunderschöne Tochter. Einmal, als die Mutter nicht daheim war, hat mich die Tochter empfangen. Erst hat sie mir Tee serviert, dann ergab ein Wort das andere ... kurz danach waren wir im Bett ...«

Der Rabbi wird langsam nervös: »Schämst du dich nicht, ein minderjähriges Geschöpf zu mißbrauchen?!«

»Natürlich schäme ich mich, darum will ich ja auch beichten. Aber das ist noch nicht alles: Die Frau hat nämlich auch einen Sohn. Ein Jüngel mit schönen langen Locken, der hat mich so lieb angesehen mit seinen unschuldigen Augen – und da hab' ich nicht widerstehen können ...«

»Also Unzucht hast du auch getrieben!«

»Ich hab' nicht gewußt, daß das Unzucht heißt ... aber das ist noch nicht alles.«

»Was kann jetzt noch kommen?«

»Neulich, als ich wieder mit der Frau zusammen war, ist mittendrin ihr Mann nach Hause gekommen, und die Frau hat mich schnell im Ziegenstall versteckt.«

Der Rabbi wischt sich den Schweiß von der Stirn. »Und?«

»Was soll ich viel herumreden, Rabbi ... in dem Stall war eine junge Ziege, die hat mich so lieb angesehen ... und da hab' ich mich abreagieren müssen. Kannst du das nicht verstehen, Rabbi?«

»Wenn es unbedingt sein muß, kann ich das auch noch

verstehen. Nur eins versteh' ich beim besten Willen nicht.«

»Was, Rabbi?«

»Wieso hast du dir ausgerechnet an die Schuhe diese Glöckelach angebunden?«

❖

Die Brüder Tartakower waren bekannt und gefürchtet als die Blutsauger der Stadt. Fast jedermann schuldete ihnen Geld, teils für überhöhte Mieten, teils für hochverzinste Darlehen. Egal wo oder von wem irgendein schiefes Geschäft gemacht wurde – die Brüder Tartakower hatten ihre dreckigen Hände im Spiel. Sie waren daher nicht nur gefürchtet, sondern auch entsprechend verhaßt, und das nicht ohne Grund.

Eines denkwürdigen Tages begab es sich, daß der ältere der beiden Brüder, zur Freude der gesamten Gemeinde, verstarb. Der Vorstand des Tempels plante, einen Dankgottesdienst abzuhalten, doch es sollte anders kommen:

Der überlebende Tartakower erschien beim Rabbi und stellte folgendes Ansinnen:

»Rabbi! Ich bin bereit, für die Armen der Gemeinde eine halbe Million zu spenden, wenn sie bereit sind, eine würdige Trauerfeier für meinen verstorbenen Bruder zu veranstalten. Allerdings habe ich zwei Bedingungen: Erstens muß die ganze Gemeinde vollzählig im Tempel erscheinen – und zweitens lege ich größten

Wert darauf, daß Sie über meinen Bruder nur das Beste sagen. Mehr noch: Sie müssen der versammelten Gemeinde wörtlich erklären, daß mein Bruder ein guter und gerechter Mann war, ein Wohltäter der Menschheit, ein Heiliger.«

Der Rabbi strich nachdenklich seinen silbernen Bart, dann sagte er:

»Es wird nicht ganz leicht sein, aber ich will es versuchen. Schon deshalb, weil mit dieser halben Million viel Gutes getan werden kann.«

Wenn man dem Publikum bietet, was es haben will, kommt es bekanntlich in Scharen gelaufen. Daher war der Tempel am Tag des Trauergottesdienstes überfüllt. Nachdem von den trauernden Hinterbliebenen die handelsüblichen Totengebete rezitiert waren, bestieg der Rabbi die Kanzel und begann mit seiner Grabrede:

»Geehrte Trauergemeinde, wir nehmen heute für immer Abschied von Nissim Tartakower, einem der angesehensten Bürger unserer Gemeinde ...«

Etliche Anwesende in den hinteren Reihen begannen zu hüsteln. Doch der Rabbi ließ sich nicht beirren und fuhr fort:

»... wir alle kannten ihn seit Jahren ...«

»Leider!« ertönte ein Zwischenruf von hinten, doch der Rabbi lächelte milde.

»... wir kannten ihn und wußten genau, was von ihm zu halten war. Er war vielleicht nicht der großzügigste Wohltäter, wie es seinem umfangreichen Besitz gefrommt hätte ...«

Der jüngere Tartakower runzelte drohend die Stirn, doch der Rabbi beschwichtigte ihn mit einer beruhigenden Geste.

»... aber nehmt alles nur in allem! Er war ein guter, ein gerechter Mann – ich möchte fast sagen: ein Heiliger ...«

An dieser Stelle begann das Publikum unruhig zu werden, doch der Rabbi rettete die Situation mit dem Zusatz:

»... ja, ich wiederhole: Er war fast ein Heiliger – besonders, wenn man ihn mit seinem Bruder vergleicht.«

✻

Eines Tages kam ein Pfarrer zum Friseur, um sich die Haare schneiden zu lassen. Der Meister waltete seines Amtes, und nachdem er fertig war, fragte der Pfarrer, was er schuldig sei. Der Friseur wehrte dankend ab:

»Es war mir eine Ehre, einem Mann Gottes zu einem gepflegtem Aussehen zu verhelfen. Ihre Zufriedenheit, Hochwürden, ist mein schönster Lohn.«

Der Pfarrer bedankte sich huldvoll und ging. Am nächsten Tag kam er wieder und schenkte dem Friseur ein wunderschönes Kruzifix.

Einige Tage danach erschien ein evangelischer Pastor beim Friseur. Auch er wurde vom Meister nach allen Regeln der Friseurkunst verschönt. Als der Pastor zahlen wollte, weigerte sich der Friseur wieder, Geld anzunehmen.

Der Pastor dankte freundlich, kam am nächsten Tag wieder und schenkte dem selbstlosen Mann eine schöne, in echtem Ziegenleder gebundene Bibel.

Wie der Zufall so spielt, erschien kurz darauf ein Rabbi bei diesem Friseur. Der Meister bediente ihn freundlich, und als es zum Zahlen kam, sagte er:

»Verehrter Rabbi, ich bin zwar kein Angehöriger Ihrer Glaubensgemeinschaft, aber ich bringe es beim besten Willen nicht übers Herz, von einem Gottesdiener schnöden Mammon anzunehmen. Es war mir eine Ehre, Ihnen dienlich gewesen zu sein.«

Der Rabbi dankte höflich und ging.

Tags darauf kam er wieder und brachte einen Rabbi mit.

✿

Im alten »Schtetl« des Ostens war der Rabbi nicht nur das religiöse Oberhaupt der Gemeinde. Er galt vor allem als der weise Mann, der für alle denkbaren Zores eine Lösung zu finden wußte. Und so kam eines Tages ein Mann ganz aufgeregt zum Rabbi und rief:

»Rabbi, hilf mir – ich brauch' eine Ejze!«

»Was ist geschehen?« fragte der Rabbi.

»Ich weiß nicht mehr aus und ein, mir krepieren meine Gänse!«

Der Rabbi – offensichtlich zum ersten Mal mit so einem Problem konfrontiert – strich sich den Bart, rückte die Brille zurecht, dann fragte er:

»Was gibst du ihnen zu essen?«

»Was soll ich ihnen schon geben? Kukuruz.«

»Rohen Kukuruz? Das ist der Fehler«, sagte der Rabbi belehrend, »du mußt den Kukuruz abkochen, bevor du die Gänse damit fütterst.«

»Danke Rabbi, ich geh' sofort Kukuruz kochen!« Sprach's und ging.

Einige Tage später war er wieder da.

»Rabbi gib mir noch eine Ejze, mir krepieren die Gäns'!«

»Du hast den Kukuruz gekocht?«

»Ja, genau wie du es gesagt hast.«

»Und die Gänse krepieren noch immer?«

»Ja, genau wie beim ungekochten Kukuruz. Ich bin verzweifelt!«

Der Rabbi dachte nach, dann sagte er: »Du mußt den Kukuruz fein mahlen, dann kochen, und dann erst den Gänsen verfüttern.«

»Danke Rabbi, ich hab' gewußt, daß du mir Ejzes geben wirst ...«

Einige Tage später erschien der Gänsezüchter wieder.

»Rabbi, ich hab den Kukuruz gemahlen und gekocht ...«

»Und?«

»Die Gäns' krepieren noch immer!«

»Also sie krepieren noch immer«, der Rabbi dachte lange nach, dann sagte er: »Es scheint, daß sie den Kukuruz nicht vertragen. Am besten wird sein, wenn du ihn zur Hälfte mit Kleie mischst, dann wird er für die Gänse leichter verdaulich.«

»Das wird es sein«, rief der Mann dankbar aus, »danke, Rabbi, für die gute Ejze!«

Drei Tage später war er wieder da.

»Rabbi, hast du noch Ejzes? Mir krepieren die Gäns'!«

Der Rabbi sah den Hilfesuchenden traurig an, dann sagte er:

»Ejzes hab' ich – hast du noch Gäns'?«

＊

Da kam eines Tages ein Mann zu seinem Rabbi, um spirituelle Aufklärung zu erhalten. Anscheinend war er mit seinem Eheleben nicht sehr zufrieden, daher stellte er dem Rabbi folgende Frage:

»Sagt mir, Rabbi, warum hat Gott den Frauen so zarte Körper gegeben, die sich so angenehm anfühlen?«

»Das ist einfach zu beantworten«, erwiderte der Rabbi. »Damit Männer sie begehren, sie lieben und ständig um sich haben wollen.«

»Aha«, sagte der Fragesteller. »Und warum hat ER die Frauen so zärtlich und so liebevoll gemacht?«

»Eben damit die Männer sie lieben und bereit sind, ihr Leben mit ihnen zu teilen.«

»Dann sag' mir noch Rabbi, warum sind die Frauen nur so dumm und so phantasielos?«

»Eben damit sie imstande sind, euch Männer zu lieben, mein Sohn.«

＊

Ein ehrenwertes Mitglied der Gemeinde ist gestorben, und der Rabbi hält mit Tränen in den Augen die Totenrede:

»Teure Gemeinde! Jener Jonas Wasserstein, was wird heute von uns zu Grabe getragen, war nicht nur ein geachtetes Mitglied unserer Gemeinde, ein guter Familienvater und ein angesehener Geschäftsmann – nein, er war auch mein ältester und bester Freund.

Schon als Kinder wurden wir vom gleichen Rabbi in der Heiligen Schrift unterrichtet, und als wir ausgelernt hatten, fragte er mich: ›Was rätst du mir, mein Freund – soll ich auf Rabbiner studieren, oder soll ich Kaufmann werden?‹

Ich hab' ihm gesagt: ›Rabbiner werd ich selber, also geh' und werde Kaufmann‹. Er hat auf meinen Rat gehört und wurde ein wohlhabender Mann.

Ein paar Jahre später fragte er mich: ›Was meinst du, soll ich heiraten die Rebekka Finkelstein, oder die Miriam Goldfisch?‹

Ich habe überlegt, dann hab' ich ihm gesagt: ›Nimm Miriam Goldfisch, sie ist die bessere Partie‹. Er hat mir gefolgt, und es wurde eine sehr gute, ja eine glückliche Ehe.

Und so ist er immer, wenn er vor einer schweren Entscheidung stand, zu mir gekommen, hat mich um meinen Rat gefragt, und – was noch wichtiger ist – er hat ihn immer befolgt!

Vor ein paar Tagen sagte er mir: ›Ich möchte gern ein bissel an der frischen Luft spazieren gehen, was meinst du, soll ich nehmen einen Überrock, oder nicht?‹

Ich hab' zum Fenster hinausgeschaut und hab' gesagt:
›Es sind Wolken am Himmel. Es könnte zu regnen beginnen und kalt werden. Also nimm den Überrock!‹ Er
hat ihn nicht genommen …«

An dieser Stelle erhob der Rabbi seine Hand und wies
vorwurfsvoll auf den Sarg, in dem sein Freund Jonas
Wasserstein lag. Dann sagte er traurig:

»Nu – das hat er jetzt davon!«

✻

Ein Rabbi wird vorgeladen, um vor einem britischen
Gericht als Zeuge auszusagen. Vor der Einvernahme erklärt der Richter folgendes:

»Now before we hear the statement of the Rabbi, I
would like to announce that we have an interpreter here
– a Mister Nussenblatt – who is going to translate every-
thing the Rabbi has to say.«

Da meldet sich der Rabbi zu Wort und sagt lächelnd:

»Your honor, this is very kind, but really not necessary.
Let it be known to the court that I studied in Oxford and
I master the English language perfectly well.«

Da springt Mister Nussenblatt auf und übersetzt:

»Der Rebbe sogt, er is gewejn zu Oxford und redt per-
fekt Englisch!«

✻

Während der Andacht anläßlich eines hohen Feiertags schlägt sich der Rabbi auf die Brust und ruft vor der versammelten Gemeinde aus:

»Oh Herr, allmächtiger Herrscher der Welt, vor Deinem Angesicht bin ich ein Nichts! Ein Staubkorn, das zu Dir um Gnade fleht!«

Der Kantor folgt dem Beispiel seines Rabbis, klopft ebenfalls auf seine Brust und ruft:

»Oh großer Gott, Herr der Heerscharen, auch ich bin ein Nichts – nein, noch weniger als ein Nichts!«

Während die andächtige Gemeinde vor Ehrfurcht erschauert, wirft sich in der letzten Reihe der Schnorrer des Schtetls zu Boden und ruft:

»Grundgütiger Gott, auch wenn ich nur ein Nichts bin, nicht einmal ein Staubkorn in Deinen Augen – so schenke auch mir Deine Gnade!«

Da wendet sich der Rabbi zum Kantor und sagt ärgerlich:

»So eine Chuzpe! Heutzutage bildet sich schon jeder ein, ein Nichts sein zu können!«

✸

Zu Beginn des Sabbatgottesdienstes ist es üblich, daß die andächtige Gemeinde das Lied »Lecha Dodi« anstimmt, mit dem der Sabbat begrüßt wird. Wobei es zwei verschiedene Denkschulen gibt: Die einen behaupten, daß man dieses Lied stehend zu singen hat, während die anderen einfach sitzen bleiben, da es sich nach ihrer An-

*sicht nicht um ein Gebet, sondern um eine Grußzeremo-
nie handelt.*

*Überflüssig zu vermerken, daß während des frommen
Gesanges die Gruppe der Stehenden die Sitzenden auffordern, sich zu erheben – während die Sitzenden lauthals »Niedersetzen!« schreien.*

Dem Rabbi ging das mit der Zeit auf die Nerven, und
er bat die Wortführer der beiden Parteien zu sich, um
diesen Streit ein für allemal zu schlichten.

Wie nicht anders zu erwarten, war das ein vergebli-
ches Unterfangen, denn beide Parteien beharrten ei-
sern auf ihrem Standpunkt und wiesen darauf hin, daß
sie einer alten Tradition folgen würden.

Da hatte der Rabbi eine glänzende Idee: Es fiel ihm
ein, daß der ehemalige Tempeldiener in einem nahege-
legenen Altersheim lebte, und er schlug vor, daß man
ihn befragen sollte, was die richtige Vorgangsweise in
Sachen »Lecha Dodi« wäre.

Also formierte man nach altem Brauch eine aus drei
Personen bestehende Delegation: je einen Vertreter der
beiden streitenden Parteien, sowie den Rabbi, um den
96 Jahre alten Mann im Altersheim zu befragen.

Der Vertreter der Stehenden wandte sich an den
Alten: »Ist es nicht Tradition, daß die Gemeinde beim
Lied ›Lecha Dodi‹ aufzustehen hat?«

»Nein«, sagte der würdige Greis, »das ist nicht Tradition.«

Der Vertreter der Sitzenbleiber fragte nun siegessi-
cher: »Also ist es Tradition, daß man bei diesem Lied sitzen bleibt?«

»Nein, soweit ich mich erinnern kann, ist das auch nicht Tradition.«

Da verlor der Rabbi die Geduld.

»Lieber Freund, Sie werden sich entscheiden müssen, was Tradition ist und was nicht! Sie haben ja keine Ahnung, wie es jeden Sabbat in unserem Tempel zugeht. Die Stehenden beschimpfen die Sitzenden, und diese schimpfen lautstark zurück ...«

Da ging ein Leuchten über das Antlitz des Alten:

»Ja, jetzt fällt es mir wieder ein: Genau das ist die Tradition!«

❀

Der große Wunderrabbi von Berditschew war ein besonders orthodoxer Gottesdiener, der es gewohnt war, sämtliche Gesetze der Thora – und das sind nicht wenige – bis ins kleinste Detail zu beachten. So war es etwa seine Gewohnheit, täglich vor dem Morgengrauen aufzustehen, um den Talmud zu studieren. Er behauptete, daß dies die kostbarsten Stunden seines Lebens wären.

Am Sabbat allerdings durfte man kein Licht machen, daher zündete er immer am Vorabend eine Öllampe an, welche die ganze Nacht brannte, so daß er noch vor Tagesanbruch lesen konnte.

Eines Sabbatmorgens aber wachte er auf und mußte zu seinem Entsetzen feststellen, daß die Lampe in der Nacht ausgegangen war. Drei oder vier Stunden des Studiums zu versäumen, erschien ihm undenkbar.

Zwar wohnte im Erdgeschoß seines Hauses der katholische Pförtner, der natürlich bereit gewesen wäre, die Lampe zu entzünden, aber das Gesetz schreibt vor, daß man am Sabbat auch nicht den Diener – egal, welchen Glaubens – zu irgendeiner Tätigkeit auffordern darf. Der Rabbi war daher in einem echten Dilemma.

Nach einigem Nachdenken fand er die Lösung: Er würde den Pförtner dazu bringen, die Lampe aus eigenem Antrieb anzuzünden.

Als er am Flur die Schritte des Pförtners hörte, öffnete er die Tür und fragte:

»Wie ist das Wetter heute?«

»Kalt, sehr kalt«, kam die Antwort.

»Dann komm doch herein und trinke einen heißen Tee mit mir!«

»Aber gern, Rabbi. Danke für die Einladung.«

Der Pförtner trat ein und setzte sich erwartungsvoll an den Tisch, während der Rabbi im Dunkeln nach dem Tee suchte.

»Ich kann den Tee nicht finden, es ist zu dunkel hier«, klagte der Rabbi.

»Kein Problem«, sagte der Pförtner, »ich werde Ihnen die Lampe anzünden und gleich auch den Samowar.«

Der Rabbi bedankte sich und bereitete den Tee, den der Pförtner genüßlich schlürfte. Danach stand er auf, bedankte sich höflich und ging.

Doch nach wenigen Augenblicken kam er zurück und sagte:

»Verzeihung, Rabbi, ich habe etwas vergessen.«
Sprach's und löschte die Lampe wieder aus.

❊

Der große Wunder-Rabbi ist eingeschlafen, während seine Schüler sich am anderen Ende des Raumes flüsternd unterhalten.

»Er gibt sich so viel Mühe mit uns«, sagt einer der Schüler, »er hat sich eine kleine Ruhepause redlich verdient.«

»Wirklich wahr«, sagt ein anderer, »der Mann ist wie ein Heiliger ...«

»Seine Hilfsbereitschaft kennt keine Grenzen«, stellt ein dritter fest, »er ist ein wirklicher Wohltäter der Menschheit.«

»Und wie gutmütig er ist! Habt ihr je erlebt, daß er seine Beherrschung verliert?«

»Dazu kommt noch das ungeheure Wissen, das er hat. Wahrlich, im ganzen Land gibt es keinen Menschen wie ihn!«

Eine Pause entsteht. Da schlägt der Rabbi die Augen auf und wendet sich vorwurfsvoll an seine Schüler:

»Und über meine Bescheidenheit sagt ihr gar nichts?«

❊

Der Sohn des Rabbis war 18 Jahre alt geworden und hatte die Führerscheinprüfung gemacht. Kurz danach erschien er bei seinem Vater und fragte:

»Vater, könnte ich mir nicht vielleicht manchmal deinen Wagen ausborgen?«

Der Vater sagte: »Hör zu, mein Sohn, ich schlage dir ein Abkommen vor: wenn du die Matura bestehst, fleißig die Bibel studierst und deine Haare schneiden läßt, können wir darüber reden.«

Nach einem Monat erschien der Sohn wieder beim Vater:

»Nun Vater, können wir jetzt über den Wagen reden?«

»Mein Sohn, ich bin wirklich stolz auf dich«, sagte der Rabbi, »du hast die Matura mit Auszeichnung bestanden, hast brav die Bibel studiert – aber deine Haare sind noch immer so lang.«

»Ich weiß, Vater«, sagte der Sohn, »aber ich habe darüber nachgedacht: Samson hatte langes Haar, Abraham hatte langes Haar, ebenso wie Noah und sogar Moses.«

»Stimmt«, sagte der Rabbi, »und wo immer sie ihr Weg auch hinführte, sie sind zu Fuß gegangen.«

❄

Herr Schapiro kam zum alten Rabbi mit einem Anliegen:

»Rabbi, ich wäre Ihnen dankbar, wenn Sie meinen Sohn unterrichten würden. Ich möchte haben, daß er Hebräisch kann, daß er die Thora kennenlernt, und so weiter.«

»Herr Schapiro«, sagte der Rabbi nachdenklich, »Sie wissen hoffentlich, daß das eine längere Prozedur ist.«

»Das ist mir klar.«

»So ein Schulung kann zwei bis drei Jahre dauern.«

»Damit habe ich gerechnet.«

»Dann muß ich Sie bitten, die Kosten für die Lehrzeit im voraus zu bezahlen.«

»Warum im voraus?« fragte Schapiro.

»Das kann ich Ihnen erklären«, sagt der Rabbi. »Es soll schon vorgekommen sein, daß ein Schüler während der Lehrzeit starb. Dann widerstrebt es mir, beim Vater das fällige Geld einzumahnen, weil der sicher andere Sorgen hat. Daher ist es mir lieber, wenn die ganze Summe im Voraus bezahlt wird.«

»Entschuldigen Sie, Rabbi«, sagte Herr Schapiro, »Sie sind doch viel älter, als mein Sohn. Wenn wir schon vom Tod reden, dann ist doch die Wahrscheinlichkeit, daß Sie vor dem Ende der Lehrzeit sterben, eine viel größere – oder nicht?«

»Was wollen Sie damit sagen?«

»Wenn – Gott behüte – dieser Fall eintritt, dann hätten Sie das Geld für den ganzen Kurs kassiert, aber nur einen Teil Ihrer Arbeit verrichtet.«

»Na und?« fragte der Rabbi mit vorwurfsvollem Blick, »vergönnen Sie einem alten Mann nicht einmal diese kleine Genugtuung?«

✳

Drei ältere Rabbiner im Ruhestand sitzen beisammen und erzählen einander, wie wichtig sie in ihrem Leben waren.

Rabbi Jeiteles aus der Bronx beginnt: »Es war in den siebziger Jahren, die Amerikaner waren gerade mitten in ihrem Vietnamkrieg, da kommt eines Tages der Heini zu mir ...«

»Was für ein Heini?« wollen die anderen wissen.

»Der Heini Kissinger, ich habe ihn schon gekannt, als er noch nicht Henry geheißen hat, aber da war er noch kein Außenminister. Also der kommt – wie gesagt – zu mir und fragt mich, wie man am besten aus diesem blöden Vietnam-Schlamassel herauskommen könnte. Da hab' ich ihm geraten, daß er nach China fahren soll, um die Sache mit dem Mao Tse Tung zu klären, und das hat mit der Zeit auch wirklich geholfen ...«

»Das erinnert mich«, sagt Rabbi Popper aus Paris, »wie mich einmal der Scharl angerufen hat ...«

»Wer ist der Scharl?«

»No der De Gaulle. In Frankreich heißt er nicht Charles, sondern Scharl. Der hat damals gewaltige Zores mit den Algeriern gehabt. Ich hab' ihm sofort geraten, Algerien aufzugeben, weil das auf die Dauer kein Geschäft ist – und er hat mir gefolgt.«

»Ich«, sagt Rabbi Teitelbaum aus Rzeszow, »hab' einmal meinen Freund Karol besucht ...«

»Wer ist der Karol?«

»Ein alter Freund von mir, ich kenn' ihn noch aus Krakau ...«

»Wie heißt er noch?«

»Wojtyla, aber jetzt nennt er sich Johannes Paul, der Zweite. Also den hab' ich einmal in Rom besucht, wo er ein sehr gutgehendes Geschäft hat. Wir sitzen gemütlich in seinem Kontor und tratschen über alte Zeiten in Krakau, da unterbricht er plötzlich und sagt, daß er einen Sprung auf den Balkon hinaus muß, weil unten auf dem Petersplatz ein paar tausend Kunden auf ihn warten. Das hat mich neugierig gemacht, und ich bin mit ihm hinausgegangen. Da hör' ich auf einmal, wie einer fragt:

›Wer ist der kleine Goj mit dem weißen Jarmikl, was da neben dem berühmten Rabbi Teitelbaum aus Rzeszow steht?‹«

*

Ein wohlhabender Jude kommt ganz aufgeregt zu seinem Rabbi und sagt: »Rabbi, ich brauche dringend einen Rat von Dir!«

»Sprich, mein Sohn, wobei kann ich Dir helfen?«

»Ich stehe kurz davor, ein Geschäft abzuschließen, bei dem ich viel Geld verdienen könnte!«

»Sehr gut«, sagt der Rabbi, »dann kann ich Dir nur empfehlen, das Geschäft zu machen.«

»Ja, aber es ist ein riskantes Spekulationsgeschäft, bei dem ich viel Geld investieren muß, das ich auch verlieren könnte.«

»Dann würde ich Dir abraten, dieses Risiko einzugehen.«

»Schon, aber wenn ich nichts riskiere, werde ich auch nichts verdienen können ...«

»Dann wirst Du eben das Geschäft machen müssen.«

»Aber Rabbi, ich müßte mein ganzes Vermögen riskieren! Wenn nichts daraus wird, bin ich ein armer Mann ...«

»Also dann mach das Geschäft eben nicht!«

Der Geschäftsmann überlegt einen Moment, dann sagt er: »Rabbi, ich brauch dringend einen Rat! Sag mir, was ich tun soll.«

Der Rabbi überlegt auch, dann sagt er: »Ich hab die Lösung: laß Dich taufen!«

»Und das soll mir helfen?«

»Dir nicht, aber mir«, antwortet der Rabbi.

»Wieso?«

»Wenn Du getauft bist, wirst Du nicht mehr mir auf die Nerven gehen, sondern einem Pfarrer!«

Arm und reich

Das Streben nach Wohlstand ist – auch wenn es viele Antisemiten nicht glauben wollen – keine jüdische Erfindung. Ich kann mich nicht erinnern, jemals einen Menschen kennengelernt zu haben, der nicht bestrebt war, sich und den Seinen das Leben so angenehm wie möglich zu gestalten. Trotzdem herrscht weltweit die Meinung vor, daß die Juden nichts anderes anstreben, als so viel Geld zu akkumulieren, wie nur irgend möglich.

Vielleicht ist die Erklärung dafür in folgendem Ausspruch zu finden:

»Die Juden haben ganz genau die gleichen Eigenschaften wie alle anderen Menschen dieser Welt – nur etwas mehr davon.«

Daraus ein Motiv für den Antisemitismus abzuleiten, basiert hingegen auf einem anderen – ebenso merkwürdigen – Ausspruch:

»Ein Antisemit ist ein Mensch, dem die Juden mehr zuwider sind, als unbedingt nötig ist.«

Doch bleiben wir beim Thema »Arm und reich»:

Natürlich ist und war der Großteil der Juden in aller Welt nicht mit irdischen Gütern gesegnet. Doch aufgefallen sind immer nur die Reichen. Sie wurden stets inbrünstig beneidet – und zwar nicht nur von Antisemiten,

*sondern auch von Juden. Wobei sich unter letzteren ein
seltsames Phänomen ergab: Ein mittelloser Gelehrter
blickt auf den reichen Kaufmann herab, und umgekehrt.
Das widerspricht zwar sämtlichen Gesetzen sowohl der
Physik als auch der Logik – aber es ist so.*

*Zum Beispiel soll einmal ein kleiner Dorfschullehrer in
einem obskuren Schtetl gesagt haben:*

»Wenn ich Rothschild wäre, hätte ich noch mehr Geld
als er, weil ich könnte nebenbei noch Stunden geben …«

❀

Ein armer und ein reicher Jude beten nebeneinander in der Synagoge zu ihrem Gott. Der Reiche tut es folgendermaßen:

»Allmächtiger, ich brauche dringend eine Million, damit ich das Geschäft meines Lebens finanzieren kann. Für Dich ist es doch eine Kleinigkeit, also bitte hilf ...«

Der Arme hingegen hat ein ganz anderes Anliegen:

»Lieber guter Gott, ich flehe Dich an, hilf mir! Ich weiß nicht mehr aus und ein, meine Kinder hungern, meine Frau weiß nicht, wo sie das Geld für unser nächstes Mahl hernehmen soll, vielleicht könntest Du mir irgendwie fünf Tscherwonzen zukommen lassen ...«

Da unterbricht der Reiche seine Andacht:

»Hier haben Sie fünf Tscherwonzen und lenken Sie ihn mir nicht ab!«

❉

Der in den zwanziger Jahren der USA ungemein beliebte Komiker George Jessel, der aus ganz kleinen Verhältnissen stammte, (und ursprünglich Jeiteles hieß) ist reich geworden. Sehr reich sogar. Also kaufte er sich in

Kalifornien ein großes Grundstück direkt am Meer und ließ sich dort eine feudale Villa erbauen. Damit nicht genug, schaffte er sich auch eine pompöse Yacht an – natürlich mit eigenem Hafen – und veranstaltete zur Einweihung seiner Latifundien ein großes Fest.

Alles, was in Hollywood Rang und Namen hatte, war eingeladen – und erschien auch, denn George Jessel war – wie gesagt – sehr erfolgreich, und erfolgreiche Menschen sind bekanntlich sehr beliebt.

Weil er ein guter Sohn war, lud er auch seine Eltern ein, damit sie sich persönlich davon überzeugen konnten, wie weit er es gebracht hatte.

George Jessel erschien zu seinem Fest – weil er doch stolzer Besitzer einer Yacht war – in einer eleganten Kapitänsuniform und ließ sich von seinen Gästen gebührend feiern.

Dann plötzlich entdeckte er in dem festlichen Trubel seine Eltern, die fernab vom feierlichen Geschehen ganz verloren auf einer Bank saßen und nicht genau wußten, wie ihnen geschah. Er wandte sich an seinen alten Vater:

»Nun Papa, wie gefällt dir das Fest?«

»Sehr schön, Georgie ... sehr schön!«

»Und mein neues Haus?«

»Es ist so schön, daß wir uns gar nicht trauen, hineinzugehen.«

»Und wie gefalle ich dir in meiner Kapitänsuniform, Papa?«

Der alte Jeiteles wiegte bedenklich seinen Kopf, dann sagte er:

»Hör zu Georgie, für mich bist du selbstverständlich ein Kapitän. Für deine Mama bist du auch ein Kapitän, wenn es dir wichtig ist. Für alle Leute, die du eingeladen hast, bist du ohne Frage ein Kapitän. Aber wenn da zufällig ein wirklicher Kapitän hereinkommt ... wirst du für den auch ein Kapitän sein?«

＊

Itzig Schwarz war wieder einmal pleite und wußte nicht, woher Brot auf Hosen nehmen. Er ging daher ins Kaffeehaus, um zu sehen, ob er dort vielleicht jemanden anschnorren könnte. Und er hatte Glück: Er fand dort seinen alten Freund Mendel Grün, den er fragte:

»Mendel, ich bin in einer momentanen Verlegenheit. Könntest du mir vielleicht ...«

»Wieviel?« unterbrach ihn Mendel.

»Einen Hunderter.«

»Bis wann?«

Itzig überlegte kurz: »Was haben wir heute?«

»Montag.«

»Am Donnerstag geb' ich dir deinen Hunderter wieder zurück«, versprach Itzig.

Mendel Grün zog seufzend einen Hunderter aus der Tasche, Itzig bedankte sich überschwenglich und ging seines Weges.

Wie nicht anders zu erwarten, brach der Donnerstag herein, und Itzig war ebenso pleite wie am Beginn der

Woche. Er ging sinnierend durch die Straßen, da lief ihm sein alter Freund Jonas Blau über den Weg.

»Jonas, was für ein Glück, daß ich dich treffe … ich habe nämlich …«

»Wieviel brauchst du?«

»Einen Hunderter.«

»Wann seh' ich ihn wieder?«

»Was ist heute…Donnerstag? Spätestens am Montag hast du ihn wieder.«

Blau reichte ihm den Hunderter, Itzig bedankte sich und lief ins Kaffeehaus, wo er Mendel Grün vorfand. Dieser begrüßte ihn mit den Worten:

»Du wirst mir doch nicht vielleicht den Hunderter bringen, den du mir schuldest?«

»Natürlich bring' ich ihn dir – oder hast du etwas anderes erwartet?«

»Ich hab' gehofft – aber nicht erwartet«, sagte Grün, während er den Hunderter einsteckte.

Der Montag ließ nicht lange auf sich warten, und Itzig Schwarz hatte nicht einmal etwas Ähnliches wie einen Hunderter, den er seinem Wohltäter Blau zurückgeben könnte. Da hatte er eine Idee: Er ging ins Kaffeehaus und wandte sich an Grün.

»Du erinnerst dich doch, daß ich dir den Hunderter genau zum vereinbarten Termin wieder gegeben habe.«

»Stimmt.«

»Könntest du ihn mir wieder borgen – bis Donnerstag?«

»Wenn es sein muß …«

Am Donnerstag rannte Itzig wieder zu Blau:

»Lieber Freund Blau, du weißt doch, daß ich ein gewissenhafter Schuldner bin, ich brauch' wieder einen Hunderter bis Montag ...«

Und so ging das etliche Wochen lang. Jeden Montag borgte er sich von Grün einen Hunderter aus, den er ihm am Donnerstag zurückbrachte.

Und jeden Donnerstag borgte er sich von Blau einen Hunderter aus, um am Montag seine Schulden bei Grün zu bezahlen.

Eines Tages traf Itzig Schwarz zufällig seine beiden Wohltäter auf der Straße. Der Blau und der Grün waren gerade in ein ernsthaftes Gespräch vertieft, als sich der Schwarz folgendermaßen an die beiden wandte:

»Ich habe einen Vorschlag, meine Herren. Du Grün, gib dem Blau jeden Montag einen Hunderter, und du Blau, sei so gut und gib ihn dem Grün jeden Donnerstag wieder zurück. Und was mich betrifft – ich will mit dem Geschäft nichts mehr zu tun haben.«

✿

Zum Verständnis der folgenden Geschichte muß man wissen, daß es im Schtetl üblich war, zum Festmahl am Sabbat, oder an Feiertagen, einen bedürftigen Gast einzuladen. Das war meistens ein Student eines Rabbiner-Seminars, aber es konnte auch ein einfacher Schnorrer sein.

Ferner muß erklärt werden, was »Challeh« bedeutet. Die Challeh ist ein besonders flaumiges Weißbrot, das aus feinstem Weizenmehl unter Verwendung von viel

Butter hergestellt wird, und naturgemäß wesentlich teurer ist als das übliche schwarze Roggenbrot. Daher gibt es die Challeh nur an Festtagen.

Und nach dieser Einführung kann endlich die Geschichte beginnen.

Die ganze Familie war um die festlich gedeckte Tafel versammelt, auch der obligate Schnorrer, der am Ende der Tafel Platz nahm. Als erster Gang wurde eine Hühnersuppe serviert, und der Schnorrer griff nach der Challeh, brach sich ein großes Stück ab, um es in die Suppe einzutunken.

Der Hausherr fragte den Schnorrer:

»Wollen Sie nicht vielleicht auch ein Stück vom Schwarzbrot versuchen?«

»Nein danke«, antwortete dieser mit vollem Mund, »die Challeh schmeckt vorzüglich.«

Der Hausherr nahm dies säuerlich lächelnd zur Kenntnis, und das Mahl nahm seinen Fortgang. Als zweiter Gang wurde ein gesülzter Pfefferkarpfen aufgetischt. Wieder bemächtigte sich der Schnorrer der Challeh und begann diese zum Pfefferkarpfen zu verschlingen.

Diesmal meldete sich die Hausfrau zu Wort:

»Sie sollten wirklich auch einmal das Schwarzbrot versuchen, es ist ganz frisch...«

»Sehr freundlich von Ihnen, aber ich bin mit der Challeh sehr zufrieden.«

Der Hausherr war schon im Begriff, einige unflätige Worte von sich zu geben, aber er beherrschte sich. Er-

stens war es ein Feiertag, und zweitens ist die Gast-
freundschaft eine heilige Verpflichtung.

Die »pièce de résistance« des Festmahls wurde aufgetragen: der Gänsebraten. Kaum hatte der Schnorrer
einen Gänsebügel auf seinem Teller, brach er sich ein
weiteres Stück der Challeh ab, um damit den Saft auf-
zutunken.

Der Hausherr konnte sich nicht mehr zurückhalten:
»Warum zum Teufel nehmen Sie kein Schwarzbrot?!«
»Weil mir die Challeh besser schmeckt.«
»Aber die Challeh ist doch viel teurer!«
»Kann sein, aber sie ist es wert«, sagte der Schnorrer.

❋

Der Blau und der Grün – oder waren es der Bloch und
der Toch? – jedenfalls sitzen zwei Juden im Café und
diskutieren. (Sie selbst hätten natürlich nicht »diskutieren« gesagt, sondern »deigezen« – aber wir wollen nicht
abschweifen.)

»Menschen, die arm sind, haben es nicht leicht«,
seufzt der Blau nach längerem Nachdenken.

»Dazu hast du so lang nachdenken müssen?« fragt der
Grün.

»Mir ist eben aufgefallen, wie ungerecht sie behandelt
werden: Die Reichen, die ohnehin mehr Geld haben, als
sie brauchen, können alles, was sie wollen, auf Kredit
kaufen. Aber die Armen, die nicht einmal Schuhe
haben, mit denen sie gehen können, die müssen immer
gleich bar bezahlen.«

»Natürlich.«

»Es sollte aber genau umgekehrt sein: In einer gerechten Welt müßten die Reichen, die im Geld schwimmen, immer bar bezahlen, und die Armen sollten auf Kredit kaufen können.«

»Das klingt sehr schön und idealistisch«, erwidert der Grün, »aber ein Kaufmann der nach deiner Theorie handelt, würde sehr bald selbst ein armer Mann werden.«

»Na und? Dann könnte er doch auch auf Kredit einkaufen!«

✿

Oder: der Blau sinniert wieder einmal.

»Mich würde interessieren, von was die Post eigentlich lebt.«

»Wieso machst du dir plötzlich Sorgen um die Post?« will der Grün wissen.

»Ganz einfach: Wenn du eine Briefmarke kaufst, auf der 5 Schilling drauf steht, zahlst du genau 5 Schilling. Wo bleibt da der Verdienst für die Post?«

»Das ist ganz einfach: Man zahlt 5 Schilling für einen Brief, der nicht mehr wiegen darf als 20 Gramm. Aber nicht jeder Brief wiegt 20 Gramm, die meisten wiegen weniger.«

»Na und?«

»Von der Differenz lebt die Post.«

✿

David Katz, ein armer Schlucker, fand eines Tages eine prall gefüllte Brieftasche. Nachdem er ihren Inhalt gemustert hatte, sagte er sich: »In unserem Schtetl gibt es nur einen einzigen Menschen, dem diese Brieftasche gehören kann: Nur der alte Geizkragen Horowitz hat so viel Geld.«

Also machte er sich auf den Weg zu Horowitz. Dieser empfing ihn mit überschwenglicher Freude, als er seine verlorene Brieftasche wiedersah.

»Ich war schon sehr besorgt, weil in der Brieftasche war viel Geld.«

»Ich weiß«, sagte der arme Schlucker.

Horowitz begann das Geld zu zählen, dann rief er entsetzt aus:

»Was soll das heißen?! Da waren 550 Kronen, das weiß ich genau – und jetzt sind es nur mehr 500. Hast du dir vielleicht schon den Finderlohn abgezogen?«

»Natürlich nicht, ich habe keinen Heller angerührt!«

Horowitz schäumte: »Deinen Finderlohn bekommst du erst, nachdem du mir die fehlenden 50 Kronen zurückerstattet hast!«

Nach einem längeren Wortwechsel einigten sich die beiden darauf, zum Rabbi zu gehen, um ihm den Fall vorzutragen.

Der Rabbi hörte sich beide Seiten an, dann wandte er sich an Horowitz:

»Du sagst also, daß die Brieftasche 550 Kronen enthielt?«

»Ja, das weiß ich ganz genau.«

Dann fragte er den Finder: »Und du sagst, daß du nichts herausgenommen hast?«

»Nicht einen Heller, das schwöre ich beim Leben meiner Kinder!«

»Nun ...«, sagte der Rabbi nach einigem Nachdenken, »ich nehme an, daß ihr beide die Wahrheit sagt. Das heißt, daß diese Brieftasche nicht dem Horowitz gehören kann, denn in seiner waren ja 550 Kronen. Also lautet mein Urteilsspruch, daß David Katz, der ehrliche Finder, die Brieftasche behalten soll, und zwar so lange, bis jemand eine Brieftasche mit 550 Kronen findet.«

✻

Ein wohlbeleibter Mann im Stadtpelz stand auf der Straße und rauchte eine dicke Zigarre. Da kam ein ausgemergelter junger Mann auf ihn zu und fragte:

»Entschuldigen Sie bitte, darf ich Sie fragen ... was kostet so eine Zigarre?«

»Ich weiß nicht genau«, sagte der Dicke nachdenklich, »aber ich schätze, daß sie ungefähr 10 Kronen kostet.«

»10 Kronen?« der junge Mann erschrak, »und wieviel solche Zigarren rauchen Sie am Tag?«

»Das hängt von meiner Laune ab ... fünf bis sechs ... manchmal auch mehr.«

»Und wie lange machen Sie das schon?«

»Seit mehr als dreißig Jahren.«

Der junge Mann überlegte kurz, dann sagte er:

»Wenn Sie diese dreißig Jahre nicht Zigarren ge-
raucht, sondern das viele Geld erspart hätten, dann
könnte Ihnen dieses große Haus gehören.«

»Interessanter Gedanke«, sagte der Dicke, »rauchen
Sie solche Zigarren?«

»Nein, niemals.«

»Und gehört Ihnen dieses große Haus?«

»Natürlich nicht.«

Der Dicke blies dem jungen Mann eine Rauchwolke
ins Gesicht, dann sagte er lakonisch:

»Mir schon.«

❁

Ein reicher Jude aus Texas besucht Israel. Er mietet sich
eine luxuriöse Limousine und fährt durch's Land. Auf
dem Weg in den Negev verspürt er plötzlich starken
Durst. Daher hält er bei einem einsamen Haus, klopft
den Eigentümer, einen älteren Siedler, heraus, bittet
diesen um ein Glas Wasser und kommt mit ihm ins Gespräch:

»Sie leben hier ganz allein?«

»Nein, ich lebe hier mit 5000 Hühnern, die ich züch-
te.«

»So viele Hühner? Wie groß ist Ihr Anwesen?«

»Ich habe es noch nie abgemessen, aber es ist ungefähr 120 Schritte lang und 90 Schritte breit.«

Der Texaner lächelt nachsichtig. »Ich habe auch ein
Grundstück, und zwar in Texas. Wenn ich mich da am

Morgen in mein Auto setze und losfahre, bin ich am Abend noch immer nicht am Ende meines Besitzes angelangt.«

Der Geflügelzüchter nickt verständnisvoll: »Ja ja, so ein Auto hab' ich auch einmal gehabt ...«

＊

Jahrelang sind zwei Brüder zum Baron Rothschild schnorren gekommen. Der Baron pflegte ihnen immer 100 Kronen als Unterstützung zu geben, und die beiden Brüder waren dem Baron auch immer sehr dankbar für seine Hilfe.

Eines Tages kam nur einer der beiden Brüder. Der Baron fragte:

»Wieso kommen Sie heute allein, was ist aus Ihrem Bruder geworden?«

»Der ist leider gestorben«, sagte der Schnorrer.

»Das tut mir leid«, sagte der Baron, »aber das ist wohl der Lauf der Welt ...«

Baron Rothschild griff nach seiner Brieftasche und händigte dem verbliebenen Bruder 50 Kronen aus.

»Entschuldigen Sie, Herr Baron«, sagte der Schnorrer verwundert, »sind Sie der Erbe meines Bruders – oder bin ich es?«

＊

Zwei Juden sitzen – wie so oft – in der Eisenbahn. Diesmal handelt es sich um einen älteren und einen jüngeren. Der Ältere liest die Zeitung, der Jüngere sieht zum Fenster hinaus. Beide schweigen die ganze Zeit. Plötzlich fragt der Junge:

»Entschuldigen Sie bitte, können Sie mir sagen, wie spät es ist?«

Keine Antwort. Nach einer Minute fragt er nochmals, diesmal etwas lauter:

»Wie spät ist es, bitte?«

Der Alte reagiert nicht. Der Junge wird nun ungehalten:

»Warum wollen Sie mir nicht sagen, wie spät es ist?!«

Der Alte blickt von seiner Zeitung auf, mustert den Jungen eingehend, dann sagt er:

»Das will ich Ihnen erklären, junger Mann: Wir sind kurz vor der Endstation, das heißt, daß wir beide aussteigen, wenn der Zug hält. Wenn ich Ihnen jetzt sage, wie spät es ist, dann kann es passieren, daß wir miteinander ins Gespräch kommen. Mehr als das: Es könnte vielleicht sogar der Fall eintreten, daß ich Sie sympathisch finde. Dann kommen wir an, wir steigen gemeinsam aus, und weil wir uns so nett unterhalten haben, würde ich Sie einladen, mit in mein Haus zu kommen. Dort würden Sie meine heiratsfähige Tochter kennenlernen, die würde sich vielleicht in Sie verlieben, weil Sie ja ganz gut aussehen, und zum Schluß würden Sie noch um die Hand meiner Tochter anhalten ...«

»Und was wäre daran so furchtbar?«

»Glauben Sie, ich bin so blöd, daß ich meine Tochter einen Mann heiraten lasse, der nicht einmal eine eigene Uhr besitzt?«

＊

Der Rabbi kam eines Tages zum reichsten Mann der Stadt, mit der Bitte um Spenden für das jüdische Altersheim.

»Ich habe zu viele Verpflichtungen«, sagte der Reiche, »ich kann es mir nicht leisten, Menschen für's Nichtstun zu bezahlen.«

»Aber es handelt sich doch um arme, alte Menschen, die längst nicht mehr in der Lage sind, etwas für ihren Lebensunterhalt zu tun.«

»Wenn sie, so wie ich, ihr Leben lang schwer gearbeitet, einen Groschen auf den anderen gelegt und sich um ihre Zukunft gesorgt hätten, dann müßten Sie jetzt nicht für sie betteln gehen, Rabbi!«

Statt einer Antwort führte der Rabbi den Reichen an das Fenster, zeigte hinaus und fragte:

»Was sehen Sie, wenn Sie durch dieses Fenster schauen?«

»Was soll ich schon sehen? Ich sehe Leute, die hin und her rennen.«

»Sehr gut«, sagte der Rabbi. Dann führte er den Mann zu einem Spiegel. »Und was sehen Sie jetzt?«

»Jetzt sehe ich mich. Was soll diese dumme Fragerei?«

»Ich wollte Ihnen zur Wahrheit verhelfen: Wenn Sie

durch ein normales Glas schauen, dann sehen Sie andere Menschen. Kaum aber tut man ein wenig Silber hinter so ein Glas, sieht man nur sich selbst. Sollte man nicht hin und wieder das Silber vergessen, damit man auf der Welt nicht so allein ist ...?«

*

Jonas Zloczower ist aus seinem polnischen Dorf nach Amerika ausgewandert, hat schwer gearbeitet und ist schließlich nach zwanzig Jahren Millionär geworden. Mit der Zeit sprach sich dies bis zu seinem Heimatort herum, und zwei ehemalige Mitbürger von Jonas unterhalten sich darüber: »Ich kann mich noch gut erinnern, wie unser Jonas vor zwanzig Jahren nach Amerika ausgewandert ist: in einer zerrissenen Hose – mehr hat er nicht gehabt. Und jetzt hat er eine Million!«

»Und dafür hat er sich zwanzig Jahre lang geplagt? Was macht er jetzt mit einer Million zerrissener Hosen?!«

Der Ganeff

*ist ein Begriff, der unter dem Pseudonym »Ganove«
schon längst in den deutschen Sprachraum eingedrungen ist. Ursprünglich war das ein hebräisches Wort und
lautete »Ganav« (mit Betonung auf der zweiten Silbe).
Im Jiddischen wurde daraus der »Ganeff« (mit Betonung auf der ersten Silbe), und die deutsche Übersetzung lautet schlicht und einfach: »Dieb«.*

*Natürlich gibt es unzählige Witze, Schnurren und
Anekdoten über den Ganeff. Das kürzeste Beispiel ist
der folgende Ausspruch eines Fischhändlers am Marktplatz von Jehupitz:*

»Sehr geehrter Kunde, entweder Sie ziehen einen längeren Rock an – oder Sie stehlen einen kürzeren Fisch!«

✺

In einem Lebensmittelgeschäft steht ein Mann mit einer längeren Einkaufsliste. Der Krämer bringt ihm nach und nach alles, was der Mann von der Liste vorliest. Während der Krämer dabei ist, das gewünschte Quantum an Butter abzuwiegen, steckt der »Kunde« eine Tafel Schokolade ein. Der Krämer merkt es, doch er sagt nichts. Nachdem sämtliche Wünsche des Mannes erfüllt sind, erstellt der Ladenbesitzer die Rechnung.

Der Kunde prüft sie aufmerksam und findet am Schluß zu seinem Erstaunen die Eintragung:

»Eine Tafel Schokolade: 25 Heller.«

Da erhebt er drohend einen Zeigefinger und sagt milde lächelnd:

»Ganeff!«

✻

Nuchem Rabinovici, ein gebürtiger Rumäne, emigrierte während des Krieges nach Argentinien, wo er genötigt war, Spanisch zu lernen. Nachdem der Krieg vorbei war, wanderte er in die USA aus, betätigte sich in allen möglichen und unmöglichen Berufen, bis er endlich einen wirklich lukrativen Job als Buchhalter bei einem Mafia-Boss fand.

Nachdem sein Boss immer wieder geschäftlich mit kolumbianischen Rauschgiftlieferanten zu tun hatte, wurden Nuchems Spanischkenntnisse sehr oft in Anspruch genommen.

Eines Tages begab es sich, daß ein Kolumbianer eine halbe Million Dollar für Heroin kassierte, aber die Lieferung schuldig blieb. Der Boss schäumte vor Wut. Er setzte seine gesamten Gorillas ein, um des Kolumbianers habhaft zu werden, und tatsächlich fand man den Mann, der eben mit einem Auto zum Flughafen fahren wollte.

Der Boss konnte natürlich nicht selbst mit dem Übeltäter kommunizieren, daher rief er Nuchem herbei, um beim Verhör zu dolmetschen.

»Frag ihn, wo er das Geld versteckt hat«, forderte er Nuchem auf.

Nuchem fragte den Mann. Dieser erwiderte auf spanisch:

»Von mir werdet ihr nichts erfahren!«

Nuchem übersetzte, worauf der Boss einen Revolver zückte und dem Kolumbianer in die linke Kniescheibe schoß.

»Frag ihn noch einmal!« befahl der Boss.

Nuchem fragte zum zweiten Mal, doch der Mann blieb stur und sagte nichts.

Worauf ihm der Boss das rechte Knie zertrümmerte. Dann wandte er sich an Nuchem:

»Sag ihm, daß der nächste Schuß in seinen Kopf geht!«

Nuchem übersetzte, und der Kolumbianer sagte mit schmerzverzerrtem Gesicht:

»Das Geld ist im Kofferraum des Autos unter dem Reserverad.«

Nuchem Rabinovici übersetzte:

»Er sagt, er hat keine Angst zu sterben.«

❋

Zum Verständnis der nun folgenden Geschichte muß erklärt werden, daß man ziemlich viel Geld hinlegen muß, um zu den hohen Feiertagen in der Synagoge einen Sitzplatz zu erhalten. (Sonst könnte ja schließlich jeder kommen!)

Und so begab es sich, daß mitten im Gottesdienst Schlojme Finkelstein, ein stadtbekannter Geizhals, Einlaß in den Tempel begehrte. Der am Eingang stehende Tempeldiener fragte ihn energisch:

»Wo ist deine Platzkarte?«

»Ich hab' keine«, erwiderte Schlojme wahrheitsgemäß, »ich komme nur, um meinem Schwager eine dringende Nachricht zu überbringen!«

»Was für eine dringende Nachricht?«

»Das muß ich ihm selbst ausrichten.«

»Hat das nicht Zeit bis nach dem Gottesdienst?«

»Nein, es ist besonders dringend!«

»Also gut, dann komm' herein und bring' deinem Schwager die wichtige Nachricht«, sagte der Tempeldiener mürrisch, »aber ich kenn' dich, du Ganeff –

wenn ich dich beim Beten erwische, fliegst du sofort
hinaus!«

*

Ein Jude geht über einen Friedhof und entdeckt dort
ein Grab mit der Aufschrift:
»Hier ruht Ruben Kornblum, ein ehrlicher Kaufmann
und ein guter Familienvater«:
Da denkt sich der Mann:
»Recht geschieht dem alten Ganeff: jetzt haben sie ihn
mit zwei wildfremden Menschen in ein Grab hineinge-
legt.«

*

Nissim Kohn hatte die üble Gewohnheit, nur höchst un-
gern seine offenen Rechnungen zu begleichen, was in
der ganzen Geschäftswelt wohlbekannt war.
Da kam eines Tages Moritz Teitelbaum, einer seiner
Gläubiger, in Nissims Geschäft, um zu kassieren.
Nissim suchte, wie üblich, Ausflüchte:
»Das Geschäft ist am Hund, ich weiß nicht wo Brot auf
Hosen zu nehmen. Ich muß Sie bitten, sich noch ein
wenig zu gedulden.«
»Ich gedulde mich schon seit einem halben Jahr, jetzt
ist meine Geduld zu Ende!«
»Na was wollen Sie machen? Vielleicht klagen?«

»Nein, ich hab' eine viel bessere Idee: Ich werde überall herumerzählen, daß Sie *mir* Ihre Schulden bezahlt haben ...«

*

Zwei Juden treffen einander (wieder einmal) in der Eisenbahn. Da fragt der Blau den Grün:
»Wohin fahrst du, Grün?«
»Ich fahr' nach Lemberg, um Seide zu kaufen.«
»Hör zu, Grün: Du erzählst mir, daß du nach Lemberg fährst für Seide, damit ich glaub', du fahrst nach Kattowitz um Kohle. Aber ich weiß doch, daß du wirklich nach Lemberg fahrst für Seide – also warum lügst du?«

*

Der Weiß sitzt in der Eisenbahn und langweilt sich. Plötzlich betritt eine junge, gutgewachsene Dame sein Coupé. Schlagartig hört der Weiß auf, sich zu langweilen. Er beginnt mit der Dame ein galantes Gespräch, ein Wort ergibt das andere, und es dauert nicht allzulange, bis die beiden in höchst intime Zärtlichkeiten verstrickt sind.
Da öffnet sich die Türe des Coupés, und der Schwarz ertappt seinen Freund, den Weiß, der eben mit höchst amouröser Tätigkeit befaßt ist. Verblüfft ruft er:

»Weiß! Was machst du da?«

»Siehst du nicht?« antwortet dieser, etwas peinlich berührt, »Ich fahr' nach Lodz!«

»Was, mitten durch die Leut'?«

✿

Ein Reisender kommt in ein kleines Schtetl geritten, hält vor dem einzigen Gasthof des Ortes, findet aber nichts, wo er sein Pferd anbinden kann. Da kommt ein respektabel gekleideter Jude vorbei, und der Reisende fragt ihn:

»Würden Sie bitte einen Augenblick mein Pferd festhalten, bis ich den Stallburschen hole?«

»Was?« pfaucht ihn der Respektable an, »ich soll auf Ihr Pferd aufpassen?! Wissen Sie überhaupt, wer ich bin?«

»Nein, wer sind Sie?«

»Ich bin Ratsmitglied und Kassier der hiesigen Judengemeinde!«

»Das macht nichts, ich vertraue Ihnen trotzdem.«

✿

Wieder kommt ein Reisender in das kleine Schtetl, diesmal mit der Eisenbahn. Er fragt den nächstbesten Juden am Bahnsteig:

»Könnten Sie mir bitte sagen, wo der Rabbi wohnt?«

»Der Rabbi wohnt in der Mühlengasse Nummer 23«, wird ihm als Auskunft zuteil.

»Was?!« fragt der Reisende, »in der Mühlengasse Nummer 23 ist doch das Puff!«

»Nein, das Puff ist in der Rübengasse Nummer 13.«

»Danke vielmals«, sagt der Reisende ...

❀

Geschäft und Mezie

Das Wort »Geschäft« muß ich nicht erläutern, ganz anders verhält es sich mit dem Vokabel »Mezie«.

»Mezie«, wörtlich aus dem Hebräischen übersetzt, heißt eigentlich »Fund«. Im übertragenen Sinne will damit gesagt sein, daß eine Ware so billig ist, daß man das Gefühl hat, sie nicht gekauft, sondern gefunden zu haben. Natürlich täuscht dieses Gefühl weit öfter, als man glauben sollte, weil der Verkäufer einer »Mezie« nur in den allerseltensten Fällen ein Trottel ist: Erstens weiß er natürlich, warum er eine Ware billig loswerden will, und zweitens verdient er immer noch daran, auch wenn er noch so treuherzig behauptet, daß er an diesem Geschäft bares Geld zulegt.

All dies wissend, bekenne ich mich schuldig, selbst immer wieder auf »Mezies« hereinzufallen. Und wenn ich mir dafür einen Trost spende, dann ist es der, daß ich nicht der einzige Schwachkopf bin, der einer »Mezie« nicht aus dem Weg gehen kann. Wie dem auch sei: Generationen von Kaufleuten aller Konfessionen leben sehr gut von Schwachköpfen wie mir – auch wenn sie noch so sehr jammern. Doch ein altes Sprichwort sagt: »Das Jammern ist der Gruß des Kaufmannes.«

Hier einige Illustrationen zum Thema »Geschäft und Mezie«.

Als Gott, der Herr, die Zehn Gebote fertiggestellt hatte, wandte er sich an die verschiedenen Völker mit der Frage, ob sie bereit wären, die steinernen Tafeln mit den Geboten anzunehmen.

Die Assyrer fragten: »Was steht da drinnen?«

»Da steht unter anderem, daß man nicht morden soll.«

»Das können wir nicht brauchen«, sagten die Assyrer. »Wir stehen gerade vor einem Feldzug gegen die Babylonier. Wo kämen wir da hin, wenn wir die nicht umbringen dürften?!«

Also wandte sich der Herr an die Babylonier.

»Was sind das für Gebote?« wollten sie wissen.

»Zum Beispiel heißt es da, daß man sich kein Abbild von Gott, dem Herrn, machen darf.«

»Das kommt überhaupt nicht in Frage!« riefen die Babylonier, »sollen wir vielleicht unsere schönen Götzenbilder einstampfen? Wir sind ja nicht blöd!«

Als nächstes Volk fragte der Herr die Gallier.

Sie fragten: »Was steht da alles drinnen?«

»Zum Beispiel: Du sollst nicht ehebrechen ...«

»Danke nein«, sagten die Gallier.

Dann fragte der Herr die Griechen: »Wie wär's mit den Zehn Geboten?«

»Ist da was Interessantes dabei?«

»Ja, zum Beispiel: Du sollst nicht Unzucht treiben ...«
begann der Herr, doch er kam nicht weiter.

»Dafür haben wir keine Verwendung«, sagten die
Griechen.

Also fragte der Herr die Römer. »Wollt ihr nicht die
Zehn Gebote haben?«

»Was, nur Zehn Gebote für ein so großes Imperium?
Worum geht es da?«

»Du sollst nicht stehlen«, sagte der Herr.

»Da müßten wir ja unser ganzes Kolonialreich aufgeben. Danke, nein.«

So wandte sich der Herr an ein Volk nach dem anderen, doch alle hatten an diesem oder jenem Punkt etwas
auszusetzen.

Zuletzt wandte ER sich an die Juden:

»Wollt Ihr nicht die Tafeln mit den Zehn Geboten
haben?«

Die Juden fragten mißtrauisch: »Was kostet so eine
Tafel?«

»Nichts«, erwiderte der Herr.

»Eine Mezie!« riefen die Juden begeistert, »Wir nehmen gleich zwei ...«

❀

*Hier bedarf es vielleicht der Feststellung, daß die mei-
sten »Mezies« nur so tun, als ob sie es wären. Die ein-
fachste Methode, eine »Mezie« zu erzeugen, ist wohl die,*

daß man auf eine Ware einen viel zu hohen Preis schreibt, diesen durchstreicht, darunter den wahren Kaufpreis setzt, womöglich mit dem Hinweis, daß es sich um einen besonderen Gelegenheitskauf handelt. Obwohl die meisten Käufer auf diesen plumpen Trick hereinfallen (ich gehöre – wie gesagt – auch zu diesen Idioten), gibt es natürlich auch phantasievollere Varianten.

Zum Beispiel die Methode, die der Besitzer eines Gebrauchtkleiderladens anwandte (»Wir führen nur von Herrschaften abgelegte Kleider«), um seine Kunden zu einem schnellen Kauf zu motivieren:

Der Trick bestand darin, in die Brusttasche jedes Jacketts eine alte, prall gefüllte Brieftasche zu stecken. Der Kunde probiert den Anzug, der ihm – wenn überhaupt – nur ungefähr paßt, merkt, daß eine volle Brieftasche darin ist, seine Habgier erwacht, und er entschließt sich sofort, den Anzug zu erstehen. Daheim merkt er, daß sich in der Brieftasche entweder wertloses Inflationsgeld, oder gar nur Zeitungspapier befindet.

Viel besser aber gefällt mir der Trick, mit dem zwei Kleiderhändler in Olmütz schwerreich geworden sein sollen. Der funktionierte folgendermaßen:

Ein Kunde betritt den Laden, um einen Anzug zu kaufen. Einer der beiden Inhaber zeigt ihm, was es alles an »besonders preiswerter Ware« gibt. Endlich findet der Kunde einen Anzug, der ihm zusagt, und fragt:

»Was kostet dieser Anzug?«

Der Verkäufer hebt seine Hand ans Ohr und fragt: »Wie bitte?«

»Ich will wissen, was dieser Anzug kostet!«

»Sie müssen etwas lauter sprechen, ich höre leider nicht gut.«

Der Kunde brüllt: »Was kostet der Anzug?!«

»Ach so, Sie wollen den Preis wissen ... da muß ich meinen Chef fragen.«

Er wendet sich zu seinem Kompagnon, der am anderen Ende des Ladens herumlungert: »Der Herr will wissen, was der feine, blaue Kammgarnanzug mit echtem Seidenfutter kostet!«

Der »Chef« sagt: »Vierzehnhundert Kronen.«

Der »Verkäufer« sagt dem Kunden: »Sie haben es selbst gehört, der Anzug kostet vierhundert Kronen.«

Worauf der Kunde selbstverständlich sagt: »Sehr gut, packen sie ihn mir gleich ein.«

❀

Der Blau trifft den Grün und sagt: »Grün, ich habe eine unglaubliche Mezie für dich. Ein Gelegenheitskauf, von dem du nicht einmal zu träumen gewagt hättest!«

Grün spitzt – gewohnheitsmäßig – die Ohren, und will wissen, um was es sich handelt.

Der Blau offenbart es ihm: »Ich biete dir einen Elefanten an, und zwar für den Spottpreis von 100 Schilling! Na ist das eine Mezie?«

»Was mach' ich mit einem Elefanten?«

»Darum geht es doch nicht! Ein Elefant kostet normalerweise ein Vermögen ...«

»Schon«, sagt der Grün, »aber wo soll ich den Elefanten unterbringen? Ich lebe in einer kleinen Wohnung im 3. Stock ohne Lift, und die Eingangstür ist so eng, daß der Elefant garantiert nicht durchkommt.«

»Die Türe kann man größer machen.«

»Schon, aber das kostet sicher mehr als 100 Schilling!«

»Sei nicht so kleinlich! Bedenke lieber, daß du sicher der einzige Mensch in dem Haus sein wirst, der einen eigenen Elefanten hat.«

»Und das ist sicher kein Zufall. Wenn ich daran denke, daß ich mit ihm dreimal am Tag ›Gassi‹ gehen muß ... nein, kommt überhaupt nicht in Frage! Und was der alles frißt ...«

»Elefanten sind sehr billig in der Erhaltung! Sie fressen nur ein bissel Heu, und das kostet fast gar nichts.«

»Ich kann doch keine Heuhaufen in meiner Wohnung einlagern! Meine Frau schmeißt mich hinaus.«

»Deine Frau wird sich schon an den Elefanten gewöhnen, sie ist sicher sehr tierliebend ...«

»Woher weißt du das?«

»Sie hat sich auch an dich gewöhnt.«

»Frechheit!«

»Also reden wir nicht lang herum! Kaufst du den Elefanten, oder nicht?«

»Natürlich nicht, ich bin doch nicht meschugge!« Mit diesen Worten wendet sich der Grün zum Gehen, doch der Blau ruft ihn zurück:

»Hör zu Grün ... mein letztes Angebot: zwei Elefanten für 150 Schilling!«

Grün überlegt einen kurzen Augenblick, dann sagt er:
»Gekauft!«

✴

Schlojme Rothstock, ein angesehener – wenn auch sehr
sparsamer – Bürger von Rszeszow, hatte dringende Geschäfte in Blottowke, das immerhin einige Meilen von
seinem Heimatort entfernt ist, und beschloß, sich mit
einem Wagen dorthin führen zu lassen. Nach längeren
Verhandlungen mit fünf verschiedenen Fuhrunter-
nehmern, entschied er sich für das preisgünstigste Angebot eines gewissen Abrascha Birnbaum und verein-
barte mit ihm – abgesehen vom Preis – den Termin der
Abfahrt.

Pünktlich zur ausgemachten Stunde hielt das Fuhr-
werk vor dem Hause Rothstocks, dieser stieg ein, und
die Fahrt ging los. Kurz nachdem der Wagen Rszeszow
verlassen hatte, kamen sie zu einer ziemlich steilen An-
höhe, und die Fahrt wurde immer langsamer. Da wandte sich Abrascha, der Kutscher, mit folgenden Worten an
seinen Fahrgast:

»Reb Schlojme, mein Pferd ist ein bissel alt und
schwach, es kann nicht ohne Hilfe auf den Berg hinauf.
Seid so gut, steigt aus und schiebt mit an.«

»Muß das sein?« wollte Rothstock wissen.

»Wenn wir nach Blottowke kommen wollen, dann ja.«

Also stieg der Fahrgast mißmutig aus und begann zu
schieben.

Schwitzend und keuchend oben angelangt, wollte sich Rothstock wieder in den Wagen setzen, aber Abrascha hielt ihn zurück:

»Nicht einsteigen! Seht Ihr nicht, Reb Schlojme, daß der Weg jetzt steil hinunter führt? Mein Wagen hat keine Bremsen, er wird meinen Loschek überfahren, weil er ist alt und schwach. Ich muß Euch bitten, hängt Euch hinten am Wagen an und bremst ein bissel.«

Rothstock hängte sich also hinten an den Wagen und bremste, so gut er konnte. Im Tal angelangt, wollte er sich wieder in den Wagen setzen, doch Abrascha erhob Einspruch:

»Warum vergönnt Ihr meinem alten Loschek nicht ein bissel Ruhe? Nach dieser Anstrengung muß er sich erholen, weil er ist alt und schwach ...«

»Soll sein!« erwiderte Rothstock und ging mißmutig neben dem Wagen her.

Nach einer Weile kam der nächste Berg, und Abrascha bat seinen Fahrgast, wieder zu schieben. Oben angelangt, mußte er sich abermals an den Wagen hängen, um zu bremsen – und so verlief die gesamte Reise nach Blottowke.

Am Ziel angelangt, verlangte Abrascha von seinem Fahrgast den vereinbarten Lohn von 25 Zloty. Da sprach Schlojme Rothstock:

»Daß Ihr seid ein armer Jud', der etwas verdienen will, versteh ich. Daß ich hab' nach Blottowke fahren müssen, versteh' ich auch, weil ich hab' da Geschäfte. Daß ich ein Meschuggener bin, der geglaubt hat, eine Mezie als Fahrpreis vereinbart zu haben, versteh' ich auch, weil ich bin meschugge. Aber eines versteh' ich beim besten Willen nicht: Zu was ist mitgekommen jenner Loschek?«

❁

Moische Grünblatt geht auf die Post, um einen Brief aufzugeben. Der Postbeamte wiegt den Brief, dann sagt er:

»Sie haben zu wenig Porto aufgeklebt. Der Brief ist zu schwer, Sie müssen noch eine Marke dazu kleben.«

»Das ist doch ein Blödsinn« sagt Moische. »Glauben Sie wirklich, wenn ich noch eine Marke dazu klebe, wird der Brief leichter?«

❁

Ein Jude geht an den Kassenschalter am Bahnhof und fragt:

»Was kostet eine Fahrkarte nach Lemberg?«

»Welche Klasse?«

»Die billigste!«

»Das wäre dritte Klasse …«, der Kassier blättert in einem Buch, dann sagt er: »Die Fahrkarte kostet 32 Zloty.«

»Was, soviel? Ich biete Ihnen 20 Zloty.«

»Herr, hier wird nicht gehandelt! Entweder Sie zahlen 32 Zloty, oder Sie kriegen keine Fahrkarte.«

»Ist das der beste Preis, den Sie mir bieten können?«

»Es ist der einzige Preis!«

»Also gut«, sagt der Jude, »ich biete Ihnen 25 Zloty, aber das ist mein letztes Angebot!«

»Haben Sie nicht verstanden, Herr? Hier wird nicht gehandelt!«

»Warum soll ausgerechnet hier nicht gehandelt werden? Meine 25 Zloty wachsen ja nicht auf dem Baum, es ist gutes Geld, schwer verdient.«

»Ich bin es nicht gewohnt, daß Passagiere um den Fahrpreis feilschen.«

»Und ich bin es nicht gewohnt, mein letztes Angebot zu erhöhen. Trotzdem überwinde ich mich und biete Ihnen 27 Zloty, aber weiter kann ich beim besten Willen nicht gehen ...«

In diesem Moment fährt der Zug nach Lemberg ab.

Der Jude sieht dem Zug nach, dann wendet er sich an den Beamten:

»No, und jetzt is' besser?«

✻

Ein Schiff mit hunderten Passagieren an Bord ist in schwere Seenot geraten und droht zu sinken. Wilde Panik entsteht, Frauen schreien, Kinder weinen, Menschen drängen sich um die Rettungsboote, Matrosen stoßen wilde Verwünschungen aus – nur am Heck des Schiffes sitzt ein älterer Jude, der in aller Ruhe eine Patience legt.

»Sind Sie verrückt geworden?« ruft ihm einer der panischen Passagiere zu, »Sie spielen sich da mit Karten herum, während das Schiff sinkt?!«

»Was geht das mich an«, sagt der Kaufmann und legt eine Dame auf einen König, »ist es denn mein Schiff?«

*

Sammi, hoffnungsvoller Lehrling im Geschäft seines Vaters, fragt eines Tages:

»Vater, was versteht man eigentlich unter geschäftlicher Ethik?«

»Schön, daß du mich das fragst«, sagt der Vater, »ich freu' mich wirklich, daß du so viel Interesse am Geschäft hast, daher will ich versuchen, dir das an Hand eines praktischen Beispiels zu erklären: Nehmen wir an, eine Dame kommt ins Geschäft und kauft irgendeine Kleinigkeit, die anderthalb Kronen kostet. Sie hat aber kein Kleingeld und zahlt mit einer Zwanzigkronennote. Ich geb' ihr 18 Kronen und 50 Heller heraus und wende mich an die nächste Kundschaft. Nach einigen Minuten merke ich, daß das ganze Retourgeld noch immer auf der Theke liegt, weil sie weggegangen ist, ohne es einzustecken. Kannst du mir so weit folgen, mein Sohn?«

»Ja, Vater. Aber was hat das mit geschäftlicher Ethik zu tun?«

»Das Problem der geschäftlichen Ethik beginnt erst. Es erhebt sich nämlich die Frage: Soll ich – oder soll ich nicht – meinem Kompagnon davon erzählen?«

*

Zwei Kaufleute treffen sich im Kaffeehaus. Beide sind in denkbar schlechter Stimmung. Diamantstein seufzt tief, dann beginnt er sein Lamento:

»Rosenzweig, so was von einem schrecklichen Sommergeschäft hab' ich noch nicht erlebt. Der Juni war eine Katastrophe. In all den Jahren, die ich im Textilgeschäft bin, hab' ich so einen Juni noch nicht erlebt. Aber als dann der Juli hereingebrochen ist, da hab' ich mich nach dem Juni zurückgesehnt. Ich frag' mich, wie ich diesen Juli überstehen soll. Das Urlaubsgeld für die Angestellten ist fällig geworden, und ich weiß nicht, wo ich das Geld hernehmen soll. Wenn das so weitergeht, werd' ich noch das Geschäft aufgeben müssen ...«

Rosenzweig unterbricht: »Du glaubst, nur du hast Zores? Lächerlich! Ich werd' dir jetzt erzählen, was wirkliche Zores sind, hör zu: Gestern kommt mein Sohn – mein einziger, meine ganze Hoffnung – zu mir, und erzählt mir, daß er sich verliebt hat ...«

»Das ist doch nichts Schlimmes, das ist ganz natürlich. Aber wenn ich an mein Geschäft denke ...«

»Laß mich in Ruh' mit deinem blöden Geschäft! Weißt du, in wen er sich verliebt hat, mein einziger Sohn?!«

»Vielleicht in eine Gojte?«

»Das wär' noch nicht so arg! In einen Mann hat er sich verliebt, der Trottel!«

»Wieso in einen Mann?«

»Weil er schwul ist!«

»Was ist er?«

»Homosexuell ist er, mein einziger Sohn! Homosexuell, verstehst du endlich?! Und jetzt frag' ich dich: Was kann ärger sein?!«

»Das kann ich dir genau sagen«, erwidert Diamantstein nach einigem Nachdenken, »der August!«

❉

Der Eigentümer eines großen Unternehmens erhielt von einer Versicherungsgesellschaft ein höchst interessantes Angebot, betreffend eine Zusatzversicherung für sämtliche Mitarbeiter der Firma. Die einzige Bedingung, die daran geknüpft wurde, war die, daß sämtliche Mitglieder der Belegschaft bis zum Ende des Monats den Vertrag unterzeichnen mußten.

Natürlich war die ganze Belegschaft einverstanden – bis auf Jankel Horowitz. Der weigerte sich und war auch nicht bereit, darüber zu diskutieren.

Der Betriebsrat redete geduldig auf ihn ein, doch Jankel blieb bei seinem »nein«.

»Ich versteh' diesen Vertrag nicht. Er ist mir viel zu kompliziert, und überhaupt will ich meine Ruhe haben!« lautete die Argumentation Jankels.

Einige Tage vor dem gesetzten Termin wurde Jankel vom Chef des Unternehmens in sein Büro gerufen. Auf dem Schreibtisch des Chefs lag ein Vertragsformular der Versicherung, daneben eine Füllfeder.

»Herr Horowitz«, sagte der Chef, »ich habe für das, was ich Ihnen jetzt sagen werde, die ausdrückliche Genehmigung des gesamten Betriebsrats: Wir befinden uns hier im zehnten Stockwerk. Ich beginne jetzt bis zehn zu zählen, und wenn Sie bis dahin diesen Vertrag nicht unterschrieben haben, dann werde ich Sie eigenhändig aus dem Fenster werfen!«

Noch ehe der Chef mit dem Zählen beginnen konnte, ging Jankel Horowitz zum Schreibtisch, nahm die Füllfeder zur Hand und unterschrieb wortlos den Vertrag.

Der Chef betrachtete zufrieden die Unterschrift, dann faltete er fein säuberlich das Formular, tat es in eine Mappe und fragte Horowitz:

»Und warum, zum Teufel, haben Sie den Vertrag nicht schon längst unterschrieben?!«

»Herr Chef«, sagte Jankel, »ob Sie es glauben oder nicht: Sie sind der erste Mensch, der mir die Sache ausführlich erklärt hat.«

✼

Da lebte einst in Frankreich eine berühmte Kurtisane namens Raquele de Lafontaine. (Ursprünglich soll sie Ruchele Wasserstrahl geheißen haben, aber das ist schon lange her.) Sie war bekannt als die begehrteste – und natürlich auch kostspieligste – Vertreterin ihres Berufsstandes. Eine Nacht mit ihr kostete 5000 Francs, und dementsprechend exklusiv war auch ihr Kundenkreis.

Nun begab es sich, daß unweit ihres luxuriösen Domizils eine Kadettenschule war, in der 1000 junge Männer damit befaßt waren, das Kriegshandwerk zu erlernen.

Als der Lehrgang zu Ende war, die jungen Männer ihre Abschlußprüfungen erfolgreich absolviert hatten, kam ihnen zu Bewußtsein, daß sie zwar in der Nachbarschaft der begehrtesten Frau des Landes lebten, aber kein einziger Kadett war – aus Geldmangel – in der Lage gewesen, bei dieser Frau die Ehre der Kadettenschule zu vertreten.

Da hatte einer eine großartige Idee: Jeder der 1000 Kadetten sollte 5 Francs einzahlen, danach würde eine Verlosung stattfinden, und der Gewinner erhielt die 5000 Francs, um eine Nacht bei der berühmten Raquele verbringen zu können.

Der Plan wurde begeistert aufgenommen, die Lotterie fand statt, und Fortuna wollte es, daß der junge Gaston de Villière als Gewinner gekürt wurde.

Ehe er sich auf den Weg machte, wurde er von allen Kadetten beglückwünscht, der Kommandant küßte ihn auf beide Wangen und trug ihm auf, die Schule würdig zu repräsentieren.

Gaston wurde der großen Kurtisane angekündigt, ein Besuchstermin wurde vereinbart, und – wie nicht anders zu erwarten – erlebte er dort, nachdem er den üblichen Obolus von 5000 Francs erlegt hatte, eine faszinierende Liebesnacht.

Am Morgen danach wachte die Dame auf und betrachtete liebevoll den jungen Gaston, der immer noch erschöpft in Morpheus Armen ruhte. Alle möglichen Gedanken gingen ihr durch den Kopf – vor allem aber wunderte sie sich, daß der junge Kadett in der Lage war, für ihre Gunst einen so hohen Preis zu bezahlen. Sie weckte ihn zärtlich auf und fragte ihn, wie er zu diesem vielen Geld gekommen war.

Da erzählte ihr Gaston von der Lotterie der Kadettenschule, und daß er das große Glück hatte, der Gewinner gewesen zu sein.

Raquele war gerührt wie nie zuvor. Unter Tränen sagte sie:

»Dies ist wohl die größte Ehre, die jemals einer Frau zuteil geworden ist. Eine Ehre, die ich nie vergessen werde, so lange ich lebe. Du aber sollst deinen Kindern und Kindeskindern erzählen können, daß du einst die begehrteste Frau des Landes besitzen durftest, ohne auch nur einen Sou dafür bezahlt zu haben!«

Sprach's, öffnete die Schatulle, in der sie tags zuvor die 5000 Francs hineingetan hatte, und gab ihm liebevoll 5 Francs zurück.

✻

Die Weisen von Chelm

Chelm ist eine Stadt in Polen, nicht weit von Lublin, um die im Laufe der Jahre zahllose Legenden gewoben wurden. Kein Mensch weiß warum, aber Chelm ist das jüdische Pendant zum deutschen Schilda oder zum englischen Gotham geworden. Die Geschichten, die über die »Weisen« von Chelm erzählt werden, ähneln im Prinzip den klassischen »Schildbürgerstreichen« – doch mit einem wesentlichen Unterschied: sie handeln ausschließlich von Juden und sind von Juden erdacht worden. Hier einige typische Beispiele:

»Warum«, so fragte ein Chelmer Bürger einen anderen, »warum ist die Welt so beschaffen, daß ein Butterbrot, wenn man es fallen läßt, immer auf die Butterseite fällt?«

»Das muß nicht so sein. Rein mathematisch gesehen, ist es nicht mehr, als eine fünfzigprozentige Chance«, erwiderte der andere, der offensichtlich noch nicht lange in Chelm wohnte.

»Wir können es ja ausprobieren, dann wirst du sehen, daß ich recht habe.«

»Einverstanden.«

Der »Mathematiker« schnitt eine Scheibe Brot ab, beschmierte sie mit Butter und ließ sie zu Boden fallen. Und – siehe da! – das Brot landete auf der trockenen Seite.

»Du siehst, deine Theorie stimmt nicht. Das Brot ist nicht auf die Butterseite gefallen!«

»Meine Theorie stimmt genau – aber du hast die Butter auf die falsche Seite geschmiert.«

✻

»Was ist wichtiger: die Sonne oder der Mond?« wurde der Chelmer Rabbi von einem seiner wißbegierigen Schüler gefragt.

Der Rabbi überlegte eine lange Weile, dann verkündete er: »Der Mond natürlich.«

»Warum der Mond?« wollte der Schüler wissen.

»Ganz einfach: In der Nacht, wenn es finster ist, dann scheint der Mond und schenkt uns sein mildes Licht. Am Tag hingegen ist es hell genug, da braucht kein Mensch die Sonne.«

❀

Der Dachdecker von Chelm warf eines Tages einen zahlungsunwilligen Kunden nach längerem Streit vom Dach, so daß sich dieser das Genick brach und verstarb.

Der Chelmer Weisenrat trat zusammen und verurteilte den rabiaten Dachdecker zum Tode durch Erhängen. Nachdem das Urteil verkündet war, meldete sich ein besorgter Chelmer Bürger zu Wort:

»Weh ist uns! Wir haben nur einen einzigen Dachdecker in Chelm, was werden wir tun, wenn es in unsere Häuser hineinregnet?«

Der Weisenrat trat abermals zusammen und revidierte das Urteil folgendermaßen:

»Es ist richtig, daß wir unseren einzigen Dachdecker dringend benötigen, daher soll er auch weiterhin am Leben bleiben. Doch seine Untat muß nun einmal gesühnt werden. Angesichts der Tatsache, daß wir in Chelm zwei Schneider haben, soll einer der beiden für ihn einspringen.«

❀

Die Gemeinde von Chelm war wieder einmal – wie so oft – in finanziellen Schwierigkeiten. Man beriet lange und ausführlich, ohne einen Ausweg zu finden.

Da hatte der Rabbi einen genialen Vorschlag:

»Nachdem wir sicher nicht in der Lage sein werden, unsere finanziellen Sorgen ohne fremde Hilfe zu bewältigen, schlage ich vor, daß wir uns einen pfiffigen Galizianer engagieren, der uns alle Sorgen abnimmt.«

»Das klingt sehr gut«, sagte eines der Ratsmitglieder, »aber warum soll er das tun?«

»Ganz einfach«, sagte der weise Rabbi, »dafür daß er uns alle Sorgen abnimmt, zahlen wir ihm 100 Zlotys pro Monat.«

»Hundert Zlotys?! Wo sollen wir die hernehmen?«

»Das wird die erste Sorge des Galizianers sein ...«

❀

Ein Chelmer Kaufmann fuhr mit seinem vollbeladenen Pferdewagen in ein benachbartes Dorf und pflanzte sich auf dem Marktplatz auf, um seine Ware zu verkaufen.

»Was verkauft Ihr?«, wurde er von einem Interessenten gefragt.

Der Chelmer beugte sich ganz nahe ans Ohr des potentiellen Kunden und flüsterte:

»Hafer.«

»Was macht Ihr für ein Geheimnis daraus, daß Ihr Hafer verkauft?«

»Pssst«, sagte der Chelmer, »wenn mein Pferd das hört, kränkt es sich.«

❀

Ein Chelmer Bürger wurde von seinem Nachbarn dabei beobachtet, wie er forschen Schrittes im Begriffe war, die Stadt zu verlassen.

»Wohin geht Ihr, Reb Schmul?«

»Ich geh' nach Drohobicz.«

»Habt Ihr dort wichtige Geschäfte?«

»Geschäfte? Nein.«

»Warum geht Ihr dann nach Drohobicz?«

»Wer weiß?« sagte Reb Schmul nachdenklich. »Vielleicht findet sich eine Fuhr zurück ...«

✻

Der Rabbi von Chelm besuchte eines Tages das Gefängnis der Stadt. Er unterhielt sich mit etlichen Gefangenen und erfuhr zu seinem Erstaunen, daß sich fast jeder der Insassen als unschuldig bezeichnete.

Am nächsten Tag berief er eine Sitzung des Weisenrates der Stadt und stellte den Antrag, daß die Stadt Chelm zwei Gefängnisse haben müsse: eines für die Übeltäter und eines für die Unschuldigen.

✻

Ein Bauer kutschierte mit seinem Pferdewagen die Landstraße entlang, da sah er einen Chelmer Hausierer, der ein schweres Bündel mit seinen Waren auf der Schulter trug. Der Bauer lud den Chelmer ein, mit ihm zu fahren, was dieser auch dankend annahm.

Er setzte sich also auf den Kutschbock, doch das schwere Bündel behielt er auch weiterhin auf der Schulter.

»Warum lädst du deine Last nicht ab?« fragte der Bauer.

»Ich finde es schön genug von deinem Pferd, daß es mich zieht«, sagte der Chelmer, »warum soll es auch noch mein Bündel schleppen?«

❋

Zwei Chelmer mieteten sich eines Tages ein Boot, um im Fluß zu fischen. Plötzlich fiel einem der beiden die Brille ins Wasser. Er sprang der Brille nach, um sie aus dem Wasser zu tauchen, doch er fand sie nicht. Er suchte und suchte, doch ohne Ergebnis. Langsam wurde es dunkel, und die Suche mußte abgebrochen werden.

»Wir werden morgen weiter suchen«, schlug der eine vor.

»Aber wie sollen wir uns die Stelle merken, wo die Brille hineingefallen ist?«

»Ganz einfach. Da hast du einen Bleistift, damit kannst du die Stelle am Bootsrand anzeichnen.«

Der andere dachte einen Moment lang nach, dann sagte er:

»Das ist doch ein Blödsinn! Wer garantiert uns, daß wir morgen wieder dasselbe Boot mieten können?«

❋

In der einzigen Synagoge von Chelm haben sich Mäuse eingenistet, die sich natürlich stark vermehrten, wie … wie eben Mäuse. Man stellte Mäusefallen auf, in denen echte Käsestücke die Mäuse anlocken sollten, aber offensichtlich wollten sie vom Chelmer Käse nichts wissen, und sie vermehrten sich munter weiter.

Der Weisenrat trat zusammen, um diese Krise zu bewältigen. Es wurden zahllose Vorschläge gemacht und ebenso schnell wieder verworfen.

Da begab es sich, daß ein Mann aus Deutschland Chelm besuchte, und nachdem sich die Weisen von Chelm auf nichts einigen konnten, wurde dieser um Rat gefragt. Sein Vorschlag war einfach und nahezu genial:

»Schafft euch doch eine Katze an«, sagte er, »die wird mit der Zeit alle Mäuse fressen.«

Der Vorschlag wurde einstimmig angenommen und eine stämmige Katze angeschafft. Doch kaum daß die Katze da war, äußerte einer der Weisen einen wesentlichen Grund zur Besorgnis:

»Was, um Gottes willen wird die Katze fressen, wenn keine Mäuse mehr da sein werden?«

Das gab natürlich den übrigen Weisen zu denken. Man rannte in die Herberge, in welcher der Deutsche logierte, und dort erfuhr man, daß dieser eben zum Bahnhof gegangen sei, um die Stadt zu verlassen.

Der gesamte Weisenrat eilte flugs zum Bahnhof, der Zug war bereits im Begriff abzufahren, doch erblickte man gerade noch rechtzeitig den Deutschen, der aus einem der Waggonfenster heraussah.

»Was wird die Katze fressen, wenn keine Mäuse mehr da sind?!« riefen die Chelmer verzweifelt.

»Was?« fragte der Deutsche, der offensichtlich nicht verstand.

Noch ehe die Frage wiederholt werden konnte, wurde der Zug immer schneller und fuhr mit dem Deutschen davon.

»Er hat ›was‹ gesagt«, wiederholte einer der Weisen nachdenklich. »Das ist eine Katastrophe!«

»Wieso?« wollten die anderen wissen.

»Weil ›was‹ ist ein russisches Wort, und das heißt ›euch‹.«

»Soll das heißen, daß die Katze uns fressen wird?«

»Natürlich, diese Deutschen sind ja bekanntlich sehr gebildet.«

»Dann müssen wir die Katze sofort wieder loswerden!«

Nun erhob sich die bange Frage, wie man eine Katze loswerden kann. Man wählte zunächst eine humane Lösung. Am Eingang der Synagoge wurde eine Tafel angebracht mit der Aufschrift:

»Katzen ist der Eintritt strengstens verboten!«

Doch die Katze scherte sich nicht darum und blieb, wo sie war.

Also beschloß man, zu drastischeren Methoden überzugehen. Der Tempeldiener wurde beauftragt, die Katze zu fangen und vom Dach zu werfen.

Die Katze fiel auf die Füße und lief davon.

Also wurde sie wieder eingefangen, und diesmal wurde dem Tempeldiener befohlen, die Katze mit dem

Kopf nach unten festzuhalten und mit ihr gemeinsam vom Dach zu springen.

Bei dieser Gelegenheit brach sich der Tempeldiener zwei Arme und ein Bein, doch die Katze lief unversehrt davon.

Da kam einer der Weisen auf die glorreiche Idee, einen großen, scharfen Hund anzuschaffen, der die Katze vertreiben sollte.

Der Hund lag also tagelang vor dem Eingang der Synagoge, kümmerte sich überhaupt nicht um die Katze, doch er knurrte jedesmal lautstark, wenn ein Chelmer an ihm vorbei wollte.

Ein Gottesdienst konnte nur noch stattfinden, wenn der Hund unterwegs war, um sich ein Huhn zu fangen. Die Katze ernährte sich von dem, was der Hund übrigließ.

Die Chelmer aber waren froh, daß sie nicht von der Katze aufgefressen wurden.

An die Mäuse haben sie sich inzwischen gewöhnt.

✦

Gojim

Das Wort »Goj« bedeutete in seiner ursprünglichen Form eigentlich nichts Herabsetzendes. Damit war nichts anderes gemeint als »Volk«. Doch im Laufe der Jahre wurde dieses Wort umfunktioniert auf »Andersgläubiger«. Das wäre auch noch nichts Abschätziges angesichts der Tatsache, daß vom jüdischen Gesichtspunkt aus ungefähr 99,95% der Weltbevölkerung aus Andersgläubigen besteht. Doch die Sprachpraxis schert sich nicht um Statistik oder gar um Fakten. Ebenso wie das Wort »Jud« bei den meisten Erdbewohnern einen negativen Beigeschmack erhalten hat, wurde das Wort »Goj« unter Juden ebenso mißbraucht. Ob dies aus Notwehr geschah oder aus dummer Überheblichkeit mag dahingestellt bleiben. Tatsache ist jedenfalls, daß es vom jüdischen Gesichtspunkt aus nichts Erstrebenswertes zu sein scheint, ein Goj zu sein.

Und das sieht in der Praxis folgendermaßen aus:

Zwei Juden trafen sich vor langer Zeit in der Eisenbahn und kamen ins Gespräch:

»Von wo seid Ihr, Reb Jid?« fragte der Erste.

»Von Blottowke«, antwortete der Zweite.

»Blottowke? Kenn' ich nicht. Wo ist das?«

»Nicht weit von Kasriliwke.«

»Aha ...«, nickte der erste verständnisvoll. »Seid ihr eine schöne Gemeinde dort?«

»Unberufen ja!«

»Wie viele Seelen leben dort in Blottowitz?«

»Blottowke«, verbesserte der zweite. »Wir sind dort – mit Gottes Hilfe – 284 Juden, 46 Kühe, 191 Schafe, über 800 Hühner...«

»Eine sehr schöne Gemeinde,« unterbrach der erste, »und wieviel Gojim leben in Blo ... in eurer Gemeinde?«

»Da muß ich nachdenken ... also da ist einmal der Gendarm mit seiner Frau ... das sind zwei, dann haben wir einen Schabbesgoj ... einen Schnapsbrenner mit seiner Magd ... und dann treibt sich noch irgendein Besoffener im Schtetl herum ... das sind, wenn ich keinen vergessen habe, sechs Gojim.«

»Schön, sehr schön ...« sinnierte der erste.

»Und von wo seid Ihr?« wollte der Mann aus Blottowke wissen.

»Ich bin aus Wien.«

»Wien? Wie viele Juden leben dort?«

»Fast 180 000.«

»Was, so viele?! Das muß eine ganz besonders schöne, eine gewaltige Gemeinde sein. Und wieviel Gojim habt ihr dort?«

»Ich weiß nicht genau ... über anderthalb Millionen ...«

»Anderthalb Millionen Gojim?« Der Mann aus Blottowke schlug die Hände über dem Kopf zusammen, dann fragte er: »Zu was?!«

✽

In der »guten alten Zeit«, als es noch keine Schande war, Antisemit zu sein, kamen zwei Männer in der Eisenbahn ins Gespräch. Nach einigen Minuten kam einem der beiden ein schrecklicher Verdacht:

»Entschuldigen Sie, ich frag' wirklich nur aus Neugierde ... sind Sie ein Jud?«

»Ja, warum?«

»Nur so ... wissen Sie, ich darf nämlich mit Stolz melden, daß es in meinem Heimatdorf keinen einzigen Juden gibt.«

»Das ist vermutlich der Grund«, sagte der Jude, »daß Ihr Heimatdorf immer nur ein Dorf bleiben wird.«

✽

Auf dem Bahnsteig wurde eine neuartige Personenwaage aufgestellt. Ein Mann besteigt die Waage, wirft eine Münze hinein, und eine sonore Stimme erklingt aus dem Apparat:

»Sie heißen Leopold Firlinger, sind 1 Meter 68 groß und wiegen 76 Kilo.«

Jankel Silberstein, der gerade vorbeigeht, bleibt fasziniert stehen.

Kurz danach besteigt eine Dame die Waage, und die Stimme verkündet:

»Sie heißen Amalia Hinterholzinger, sind 1 Meter 72 groß und wiegen 86 Kilo.«

Silberstein überlegt, ob er nicht auch eine Münze riskieren soll, doch ein dicker Mann kommt ihm zuvor. Die Stimme meldet sich prompt:

»Sie heißen Anton Raudaschl, sind 1 Meter 85 groß und wiegen 144 Kilo.«

Silberstein kann sich nicht mehr beherrschen, er besteigt die faszinierende Apparatur und wirft eine Münze ein. Gleich darauf sagt die sonore Stimme:

»Silberstein, sei kein Schmock – das ist nur für Gojim!«

✳

Zu dieser Geschichte gibt es eine wunderschöne Variante, die der Vollständigkeit halber nicht unerwähnt bleiben soll:

Die Hersteller des wundersamen Automaten haben sich offenbar zur Erkenntnis durchgerungen, daß es genügend dumme Juden gibt, auf deren Münzen zu verzichten ein sinnloser Luxus wäre. Daher wurde die Maschinerie nach den neuesten Erkenntnissen der Technik sowie der Psychologie umprogrammiert. Hier das Ergebnis:

Herschl Kornblum – ein naher Verwandter des oben erwähnten Jankel Silberstein – hatte eine Reise anzutreten. Da er fürchtete, den Zug zu versäumen, erschien er schon eine halbe Stunde vor Abfahrt am Bahnsteig, schlenderte planlos herum und entdeckte dortselbst einen neuartigen Automaten mit der Aufschrift: »Erfahren Sie alles über Ihre Person für nur 10 Schilling!«

Herschl wurde neugierig und warf die gewünschte Münze in den Schlitz.

Sekunden später kam eine Karte heraus, auf der zu lesen war:

»Sie heißen Herschl Kornblum, sind Jude und wiegen 78 Kilogramm.«

Herschl schüttelte ungläubig den Kopf, betrachtete den Automaten von allen Seiten, dann beschloß er, denselben auf die Probe zu stellen. Er ging auf die Toilette, und bat die dort amtierende Klosettfrau, den Automaten zu besteigen.

Die Karte verkündete: »Sie heißen Katja Vaselinovic, sind Kroatin und wiegen 72 Kilogramm.«

Die Frau Vaselinovic nickte befriedigt und sagte: »Das stimmt!«

Herschl aber gab sich nicht zufrieden.

Da kam zufällig ein Neger vorbei und wurde von Herschl eingeladen, »alles über seine Person« zu erfahren.

Auf der Karte stand: »Sie heißen Nwumbe Lumbago, kommen aus Nigeria und wiegen 86 Kilogramm.«

Herschl wollte es immer noch nicht fassen. Er beschloß, die Maschine zu überlisten. Nach kurzem Nachdenken erinnerte er sich, daß in der Nähe des Bahnhofs ein Wanderzirkus sein Zelt aufgeschlagen hatte, wo er einen einbeinigen Zwerg aus Aserbeidschan gesehen hatte. Er rannte spornstreichs hinüber zum Zirkus, fand den Zwerg, trug ihn im Laufschritt zum Bahnhof und stellte ihn auf den Automaten.

Diesmal ließ die Karte einige Sekunden auf sich warten, dann aber war zu lesen:

»Sie heißen Ahmal Mandohulian, sind ein einbeiniger Zwerg aus Aserbeidschan und wiegen 32 Kilogramm.«

Herschl war verzweifelt. Sollte die Maschine wirklich klüger sein als er? Das konnte und durfte nicht sein. Während er den Zwerg zum Zirkus zurücktrug, kam er an einem chinesischen Restaurant vorbei und erinnerte sich, daß er dort einen Kellner kennen gelernt hatte, dessen Vater aus Macao stammte, während seine Mutter eine Chinesin aus Hollabrunn war. Mit einiger Mühe gelang es ihm, den Kellner zum Mitkommen zu überreden. Am Bahnhof angelangt, bestieg dieser den Automaten, und eine neue Karte besagte:

»Sie heißen Matthias Tschu-Zu-Eng, stammen teils aus Macao, teils aus Hollabrunn und wiegen 68 Kilogramm.«

Herschl gab dem Kellner ein Trinkgeld und schickte ihn zurück in sein Restaurant. Dann beschloß er, einen letzten Versuch zu wagen, um die Maschine zu überli-

sten. Nicht weit vom Bahnhof hatte er eine Kostümleih-
anstalt gesehen. Nach einigen Minuten erschien er mit
einer blonden Perücke, einer falschen Nase, das Gesicht
schwarz bemalt, mit einer dunkler Sonnenbrille und
einem weißen Blindenstock ausgestattet. Zusätzlich
steckte er noch einige schwere Steine in seine Taschen,
um den Apparat auf möglichst viele falsche Fährten zu
locken. Dann warf er siegesgewiß seine letzte 10 Schil-
ling-Münze hinein, und prompt kam eine Karte mit folgender Aufschrift heraus:

»Sie heißen Herschl Kornblum, sind noch immer kein
Goj, sondern ein besonders blöder Jud', weil Sie haben
eben Ihren Zug versäumt!«

✿

Mendel Freedman, ein wohlhabender Jude aus Beverly
Hills, wollte einem exklusiven Golfklub beitreten und
wurde – selbstverständlich – abgelehnt. Natürlich hätte
er die Mitgliedschaft in einem minder exklusiven Klub
beantragen können, aber das fand er unter seiner
Würde. Daher tat er folgendes:

Er fuhr nach England, änderte seinen Namen auf
Malcolm Frobisher, ließ sich von einem erstklassigen
Schönheitschirurgen eine neue Nase verpassen, ließ
sich von einem erstklassigen Friseur die Haare blond
färben, kleidete sich beim feinsten Schneider Lon-
dons ein – und als besondere Finesse nahm er bei einem Schauspieler der »Royal Shakespeare Company«
Sprachunterricht in »King's English«.

Diese Prozedur dauerte insgesamt ein Jahr. Danach glaubte er, sämtliche Vorbedingungen für die Aufnahme in seinem ersehnten Golfklub erfüllt zu haben.

Er fuhr wiederum zurück nach Kalifornien, stellte einen neuen Antrag bei besagtem Klub – natürlich mit seiner neuen Identität – und wurde vom Klubpräsidenten zu einem Interview eingeladen.

»Sie heißen also Malcolm Frobisher?«

»Richtig.«

»Welche Schulen und Universitäten haben Sie absolviert?«

»Nun ja, die üblichen: Eton, Oxford ...«

Der Präsident nahm dies wohlgefällig zur Kenntnis.

»Darf ich Sie nach Ihren Einkommensverhältnissen fragen?«

»Sie sind dergestalt, daß ich mir die Aufnahmegebühr von 50 000 Dollar unbeschwert leisten kann«, sagte der ehemalige Mendel Freedman in perfektem King's English.

»Dann wäre da noch eine kleine Formsache zu klären«, sagte der Präsident beiläufig, »hätten Sie die Güte, mir Ihr Glaubensbekenntnis bekannt zu geben?«

»Aber gern«, erwiderte der frischgebackene Malcolm Frobisher ohne zu zögern. »Ich bin ein Goj.«

*

Ein orthodoxer Jude in kompletter Ausstattung mit Bart, Schläfenlocken, Kaftan und pelzverbrämtem Hut geht spazieren und wird plötzlich von einem Unwetter überrascht. Das erstbeste Gebäude, in dem er Unterschlupf findet, ist eine Kirche, in der gerade eine größere Zeremonie stattfindet: Etliche weißgekleidete Novizinnen werden zu vollgültigen Nonnen geweiht.

Der Jude sieht interessiert zu und vernimmt den Sermon des Bischofs, der eben verkündet, daß die Novizinnen nunmehr mit Jesus Christus vermählt werden sollen.

Mitten in der Zeremonie baut sich ein Kaplan vor dem Juden auf und fragt ihn:

»Mein Herr, was haben Sie hier zu suchen?«

»Kein Grund zur Beunruhigung. Ich bin von der Familie des Bräutigams.«

❋

Isidor Kohn beschließt, seinen Glauben zu wechseln, um sich sein Leben etwas erleichtern zu können. Nachdem er sämtliche Möglichkeiten sondiert hat, tritt er der katholischen Kirche bei und besucht einen Gottesdienst.

Zunächst ist er von der Pracht der Kirche überwältigt. Ebenso von den kostbaren Ornaten der Priester und der Ministranten. Er ist fasziniert von den vielen Statuen und Gemälden, die in der Kirche zu finden sind, berechnet deren Ertrag bei einer eventuellen Kunstauktion und kommt zu einem ungeheuren Ergebnis. Dann sieht er Menschen mit Klingelbeuteln durch die Reihen gehen und stellt fest, daß fast alle Andächtigen ohne zu feilschen sich von größeren Banknoten trennen, ohne dafür irgend etwas Greifbares zu erhalten.

Er kann sich das alles nicht erklären und sucht bei seinem ehemaligen Rabbi – so wie er es jahrelang gewohnt war – Rat und Auskunft.

»Rabbi, ist es wahr, daß Jesus ursprünglich Jude war?«

»Natürlich«, sagt der Rabbi, »es gibt sogar ein berühmtes Gemälde von Rubens, das die Beschneidung des Heilands darstellt.«

»Interessant. Und stimmt es, daß auch alle Apostel Juden waren?«

»Selbstverständlich, sonst hätte sich doch Jesus gar nicht mit ihnen verständigen können.«

»Unglaublich.«

»Was ist unglaublich?«

»Ich finde es unglaublich, daß Juden so blöd sein konnten: Wie kann man sich so ein gutes Geschäft entgehen lassen?«

❋

Samuel Cohen hatte es zu etwas gebracht: Nach einem arbeitsreichen Leben konnte er sich zur Ruhe setzen und kaufte sich eine Wohnung in einer besseren Gegend. Nachdem er eingezogen war, beschloß er, seine Nachbarn aufzusuchen, um sich vorzustellen, und, wenn möglich, freundschaftliche Kontakte aufzunehmen.

Er klopfte an der Tür nebenan, und ein elegant gekleideter Mann öffnete.

»Sie wünschen?«

»Ich bin Ihr neuer Nachbar, und möchte mich gerne vorstellen.«

»Treten Sie ein!«

Samuel Cohen folgte dem Mann in einen eleganten Salon, wo er freundlich aufgefordert wurde, in einem kostbaren Lehnstuhl Platz zu nehmen.

»Also ... mit wem habe ich das Vergnügen?« fragte der Gastgeber.

»Mein Name ist Samuel Cohen ...«

Er kam nicht weiter. Der elegante Nachbar fiel ihm ins Wort:

»Hören Sie zu, Samuel! Mein Name ist Braun, Karl-Hermann Braun«, um Mißverständnissen vorzubeugen, buchstabierte er seinen Namen: »B-R-A-U-N. Verstehen Sie?! Ich bin hier in diesem Land geboren, ebenso wie mein Vater, der auch Braun hieß – B-R-A-U-N – und mein Großvater, der auch schon hier geboren ist. Ich bin arisch und weiß vom Scheitel bis zur Sohle. Was haben Sie dem entgegenzusetzen, Herr Nachbar?!«

Samuel Cohen lächelte freundlich, dann sagte er:

»Mein Name ist Samuel Cohen, C-O-H-E-N. Ich bin in Lemberg geboren, ebenso wie mein Vater und mein Großvater, die übrigens auch beide Cohen hießen. Um Mißverständnisse auszuschließen werde ich das auch buchstabieren: C-O-H-E-N. Ich bin zwar nicht arisch, aber auch an mir ist alles weiß – bis auf mein Arschloch. Das ist nämlich braun: B-R-A-U-N.«

✿

Ein Jude geht an einem Antiquitätenladen vorbei und sieht im Schaufenster eine Figur, die ihn fasziniert. Es ist eine Bronzeplastik, die eine Ratte darstellt. Er betritt den Laden und fragt den Besitzer, was es mit dieser Plastik für eine Bewandtnis habe.

»Das ist eine ganz besondere Plastik«, erklärt der Besitzer, »um die rankt sich eine außergewöhnliche Legende.«

»Was kostet diese Ratte?«

»Normalerweise kostet sie einen Tausender, aber wenn Sie dazu auch die Legende erfahren wollen, kostet sie das Zehnfache.«

»Behalten Sie sich die Legende, und packen Sie mir die Ratte ein.«

Der Jude nimmt das Paket in Empfang und geht seines Weges.

Nach einigen Schritten entdeckt er plötzlich, daß ihm eine Ratte nachläuft. Er biegt um eine Ecke und bemerkt, daß es nicht mehr eine Ratte ist, sondern drei.

Er beschleunigt seine Schritte, um den Ratten zu entkommen, doch als er sich umdreht, sieht er, daß es schon 30 Ratten geworden sind, die ihm folgen.

Er beginnt zu laufen, doch die Ratten vermehren sich ständig. Nach einigen weiteren Minuten merkt er, daß ihm schon hunderte Ratten nachlaufen.

Nach Hause zu laufen kommt nicht in Frage, denn er fürchtet, daß ihm die Ratten in seine Wohnung folgen würden. Also rennt er zum Fluß und springt hinein.

Und siehe da: Die Ratten springen hinter ihm ins Wasser und ersaufen.

Der Jude steigt triefend naß aus dem Wasser und geht sofort zurück zum Antiquitätenhändler. Dieser begrüßt ihn mit den Worten:

»Aha! Ich hab' mir's doch gedacht, daß Sie jetzt auch die Legende hören wollen!«

»Das nicht«, erwiderte der Jude, »ich wollte Sie vielmehr fragen, ob Sie nicht vielleicht in der gleichen Qualität auch eine Hitler-Büste haben.«

✲

Eine amerikanische Millionärin gibt ein großes Gala Diner für etliche wichtige Gäste und wird am Nachmittag verständigt, daß ein Gast aus beruflichen Gründen absagen muß. Eine wahre Katastrophe, denn ohne diesen Gast sind 13 bei Tisch.

Wo nimmt man in der Eile einen vierzehnten Gast her? Nach vielen vergeblichen Telefonaten kommt ihr eine Königsidee: In der Nähe der Stadt befindet sich eine Militärgarnison, dort ruft sie an:

»Hallo, bitte kann ich den diensthabenden Offizier sprechen?«

»Am Apparat«, sagt die Stimme am anderen Ende der Leitung.

»Gott sei Dank! Ich bin in ärgster Verlegenheit, einer meiner Gäste mußte absagen, und nun sind wir 13 Personen bei Tisch … könnten Sie mir vielleicht einen netten Soldaten schicken – womöglich einen Offizier – der den leeren Platz einnehmen kann? Er wird fürstlich bewirtet, und ich bin gerne bereit, eine Summe für wohltätige Zwecke zu spenden ...«

»Das ist zwar ein etwas ungewöhnlicher Wunsch, Madame, aber ich bin gerne bereit, Ihnen behilflich zu sein.«

»Wunderbar! Also bitte schicken Sie Ihren Mann um 19 Uhr in die Vandergold Residenz, am Seacrest Boulevard.«

»Wird gemacht!«

Mrs. Vandergold ist schon im Begriff den Hörer aufzulegen, als ihr noch etwas einfällt: »Bitte schicken Sie mir keinen Juden.«

»Ich notiere: keinen Juden, okay.«

Um Punkt neunzehn Uhr läutet es an der Pforte der Vandergold Residenz, die Herrin des Hauses öffnet persönlich und sieht zu ihrem Entsetzen einen Neger in Paradeuniform vor sich.

»Ich bin der vierzehnte Gast«, stellt er sich mit eleganter Verbeugung vor.

Mrs. Vandergold ist wie vom Blitz getroffen: »D – d – das muß ein Irrtum sein ...«

»Irrtum? Ausgeschlossen. Captain Finkelstein hat sich noch nie geirrt.«

✿

Polatschek, ein jüdischer Chauvinist, besuchte eines Abends ein Konzert. Leonard Bernstein dirigierte. Als dieser unter großem Applaus das Podium betrat, wandte er sich an seinen Sitznachbar:

»Haben Sie gewußt, daß der Bernstein ein Jude ist?«

»Schon«, sagte dieser, »aber das stört mich weiter nicht.«

Nachdem das erste Stück zu Ende war, stand das Violinkonzert von Mendelssohn am Programm. Polatschek fragte wieder seinen Nachbar:

»Der Mendelssohn hat sich zwar Bartholdy genannt, aber in Wirklichkeit war er natürlich ein Jud'.«

»Ich weiß«, antwortete dieser etwas mißmutig.

Da betrat der Solist Isaak Stern das Podium.

»Und der Isaak Stern ist auch ein Jud'! Was sagen Sie jetzt?«

»Jessas, Maria und Josef!« brauste der Nachbar auf, »Können Sie mich nicht in Ruh' lassen?!«

»Ich hätt' ja nicht damit angefangen«, sagte Polatschek, »aber wenn wir schon davon reden: Haben Sie gewußt, daß die drei auch Juden waren?«

✱

Ein Jude kommt in Wien am Westbahnhof an, muß dringend telefonieren, aber die Telefonzelle ist zu klein für ihn und den Koffer. Da wendet er sich an einen vorbeigehenden Wiener:

»Entschuldigen Sie bitte, sind Sie ein Antisemit?«

Der Wiener wehrt entrüstet ab: »Ich ein Antisemit? Nie im Leben!«

»Danke vielmals«, sagt der Jude und spricht den nächsten Wiener an:

»Entschuldigen Sie bitte, sind Sie ein Antisemit?«

»Wie kommen Sie auf eine so absurde Idee?« sagt der Wiener, »einige meiner besten Freunde sind Juden!«

»Danke vielmals«, sagt der Jude und spricht den nächsten Wiener an:

»Entschuldigen Sie bitte, sind Sie ein Antisemit?«

»Also wenn Sie meine ehrliche Meinung hören wollen: Ja, ich kann Juden nicht ausstehen!«

»Sie sind der erste ehrliche Mensch, dem ich hier begegne ... würden Sie bitte so lieb sein und einen Moment auf meinen Koffer aufpassen?«

✻

Zum Abschluß dieses Kapitels möchte ich von Bruno Kreisky erzählen. Er war zwar kein Goj – eher das Gegenteil – doch er hielt sich für einen Agnostiker, was sein gutes Recht war.

Es war in den frühen achtziger Jahren, als er Jassir Arafat, den Häuptling der PLO, salonfähig machte, indem er ihn nicht nur nach Wien, sondern auch in seine Villa in Grinzing einlud. Was dort besprochen wurde, weiß ich nicht, und ich will es auch nicht wissen.

Jedenfalls störte mich der Fall so sehr, daß ich in meiner satirischen Rundfunksendung »Guglhupf« einen neuen Titel für Kreisky erfand: Ich ernannte ihn zum »Weltmeister im Hochsprung über den eigenen Schatten«.

Kurz nach der Sendung läutete mein Telefon, und ich vernahm die sonore Baßstimme von Bruno Kreisky:

»Sag' einmal, Bronner, war das wirklich notwendig?«

»Meiner bescheidenen Ansicht nach, ja!« sagte ich.

»Hör zu«, erwiderte Kreisky, »wenn dir etwas an mir nicht paßt, dann sag' es mir selbst. Die Gojim geht das überhaupt nix an!«

✤

Die traute Zweisamkeit

Ich glaube nicht, daß jüdische Ehen schlechter sind als die der Nichtjuden. Es ist nun einmal eine Tatsache, daß der erste Liebesrausch zwischen zwei Menschen im Laufe der Jahre einem gewissen Korrosionsprozeß unterliegt. (Natürlich gibt es löbliche Ausnahmen, aber sie ändern nicht die Statistik, sie bestätigen nur die Regel.)

Was war das Allererste, das Eva tat, als Adam zum ersten Mal ausging und erst spät am Abend nach Hause kam?

Sie zählte seine Rippen nach.

✿

Es ist ein weitverbreiteter Irrtum, daß verheiratete Männer länger leben als unverheiratete. Eine diesbezügliche Studie hat ergeben, daß sie nicht länger leben – es kommt ihnen nur länger vor ...

✿

»Sind Sie verheiratet?« wurde Schmulik von Srulik gefragt.

»Nein«, antwortete Schmulik, »ich schau nur so drein, weil mir eben mein Auto gestohlen wurde.«

✿

Ein älteres Ehepaar sitzt schweigend beim Nachtmahl. Was einmal charmante Konversation gewesen sein dürfte, ist schon vor Jahren verstummt. Alles, was man sich zu sagen hatte, wurde schon vor Jahren gesagt – und so sitzen sich die beiden eben schweigend gegenüber.

Plötzlich unterbricht der Gatte das Schweigen:

»Rifkele ... komm setz' dich zu mir!«

Die Gattin erschrickt:

»Bist du meschugge geworden? Was willst du plötzlich von mir?«

»Ich will, daß du dich zu mir setzt.«

»Zu was? Seit 28 Jahren sitz ich immer dir gegenüber, und jetzt auf einmal soll ich ...«

»Rifkele – red' nicht so viel. Stell' keine Fragen und setz' dich da her zu mir!«

Rifkele seufzt tief, nimmt Teller und Besteck und setzt sich mißmutig neben ihren Gatten. Dieser nickt befriedigt und fährt schweigend mit seiner Nahrungsaufnahme fort. Sie tut dasselbe, doch nach einigen Minuten wird sie unruhig:

»Was ist jetzt anders? Kannst du mir vielleicht sagen, warum ich mich hab' so dringend zu dir setzen müssen?«

»Weißt du, Rifkele ... ich kann dir nicht mehr ins Gesicht sehen ...«

✿

Ein anderes Ehepaar – oder ist es vielleicht dasselbe? – sitzt am Sabbat beim festlich gedeckten Tisch. Es gibt einen köstlichen Pfefferkarpfen, den beide mit vollem Munde genießen. Plötzlich schreit die Gattin auf und ringt nach Luft: Sie hat eine Gräte verschluckt. Der

Mann eilt zu ihr und klopft ihr auf den Rücken, doch alle Rettungsversuche sind vergebens, die Frau fällt vom Stuhl und bleibt regungslos liegen.

Der Mann ruft das jüdische Begräbnisinstitut, die »Chewra Kadischa«, herbei, um die unvermeidlichen Schritte zu unternehmen, und schon nach kurzem Warten erscheinen zwei würdige Herren mit einer Tragbahre. Sie legen die teure Verblichene darauf und tragen sie gemessenen Schrittes hinaus. Der Vordermann übersieht den Treppenabsatz, stolpert und läßt die Bahre fallen. Die Frau kollert die Treppe hinunter, beginnt plötzlich zu husten und spuckt die verschluckte Gräte aus.

Allgemeine Freude bricht aus, die Frau ist wieder am Leben, die beiden würdigen Herren werden zu je einem Glas Schnaps eingeladen, und das Festmahl geht weiter, als wäre nichts geschehen.

Einige Zeit später sitzt das Ehepaar wieder bei einem ebenso köstlichen Pfefferkarpfen, die Frau verschluckt wieder eine Gräte und fällt tot vom Stuhl.

Der Mann ruft wieder die »Chewra Kadischa«, und wieder erscheinen zwei würdige Herren, um die Tote auf einer Bahre davon zu tragen.

Als der Vordermann den Treppenabsatz erreicht, warnt ihn der trauernde Gatte:

»Vorsicht! Da ist eine Treppe!«

❁

Ein junger Katholik hat sich in eine Jüdin verliebt. Nicht in irgendeine, sondern in eine streng orthodoxe. Und zwar verliebte er sich so sehr in diese Jüdin, daß er sie am liebsten stehenden Fußes geheiratet hätte.

Natürlich war daran nicht im entferntesten zu denken. Das Mädchen war so sehr ihrem orthodoxen Glauben verhaftet, daß für sie eine Ehe mit einem Nichtjuden niemals in Frage kam – und das, obwohl er ihr eigentlich sehr gut gefallen hätte.

»Dann werde ich eben zum jüdischen Glauben übertreten!« sagte er plötzlich, einer spontanen Eingebung folgend.

»Das würdest du wirklich für mich tun?« fragte sie verwundert.

»Für dich würde ich alles tun!« rief er begeistert aus.

»Bist du dir ganz sicher?!«

»Absolut!«

»Nun, dann werde ich dich mit unserem orthodoxen Rabbi bekannt machen, und er wird dir sagen, was du zu tun hast.«

Am nächsten Tag sprach der junge Mann beim Rabbi vor und erzählte diesem von seinem Ansinnen. Der Rabbi strich nachdenklich seinen silbernen Bart, dann fragte er:

»Junger Mann, wissen Sie wirklich, worauf Sie sich da einlassen?«

»Ich glaube schon.«

»Ich glaube nicht, daß Sie das wissen. Sie werden Ihre Lebensweise völlig umstellen müssen, wenn Sie tatsächlich ein orthodoxer Jude werden wollen.«

»Darüber bin ich mir völlig im klaren.«

»Sie werden regelmäßig in die Synagoge gehen müssen ...«

»Das weiß ich.«

»... und dort werden Sie nicht neben Ihrer Frau sitzen dürfen, die Frauen sitzen dort getrennt von den Männern.«

»Das werde ich in Kauf nehmen.«

»Sie werden auch nie mit Ihrer Frau tanzen dürfen.«

»Warum nicht?«

»Weil es bei frommen Juden üblich ist, daß Männer nur mit Männern und Frauen nur mit Frauen tanzen.«

»Das finde ich zwar seltsam, aber daran werde ich mich gewöhnen.«

»Ihre Frau wird einen koscheren Haushalt führen, und Sie werden nie wieder Schweinefleisch essen dürfen. Auch kein Wild, keine Austern, Krebse, Hummern oder Langusten.«

»Das ist mir nicht wichtig.«

»Sie werden sich einen Bart wachsen lassen müssen, und dazu Schläfenlocken.«

»Wenn es meiner Frau gefällt, dann bin ich auch dazu bereit. Aber ich habe eine Frage: Wie ist das bei den frommen Juden mit Sex?«

»Dagegen ist nichts einzuwenden – eher im Gegenteil. Wir betrachten Sex als eine gottgewollte, fromme Handlung.«

»In jeder beliebigen Position?«

»In jeder – bis auf eine ...«

»Bis auf welche?«

»Sex darf unter keinen Umständen stehend betrieben werden!«

»Bitte warum nicht stehend?« fragte der junge Mann verwundert.

»Weil das könnte vielleicht in Tanz ausarten«, sagte der weise Rabbi.

❄

Der Gatte lag am Sofa und las in aller Ruhe die Zeitung. Doch die Ruhe währte nicht lange. Seine Gattin meldete sich zu Wort:

»Jakob, steh' auf und mach' das Fenster zu, es ist kalt draußen.«

Jakob, blieb ruhig liegen, verzog keine Miene und las weiter.

»Jakob! Bist du schwerhörig? Ich hab' dir gesagt, daß du das Fenster zumachen sollst!«

Keine Reaktion.

»Jakob«, brüllte die Gattin, »jetzt sag' ich es dir schon zum dritten Mal: Mach' endlich das Fenster zu. Draußen ist es kalt!«

Jakob erhob sich mit einem schweren Seufzer, ging mißmutig zum Fenster und warf es zu. Dann wandte er sich an seine Gattin:

»So jetzt ist das Fenster zu. Glaubst du, daß es deswegen draußen wärmer wird?«

❄

Selma Grünblatt war ein schreckliches Weib. Sie behandelte ihren Gatten Nuchem wie einen Schuhputzfetzen. Wann und wo immer sie nur konnte, pflegte sie ihn zu demütigen, am liebsten in der Öffentlichkeit.

Eines Tages lud sie einige Damen der Nachbarschaft zum Kaffee, denn sie wollte den Frauen demonstrieren, wie sehr ihr Gatte unter ihrem Pantoffel stand. Also rief sie ihn ins Zimmer:

»Nuchem, du Schwachkopf, komm' herein!« (Eigentlich sagte sie nicht »Schwachkopf«, sondern »Schlemiehl«, aber diese Vokabel zu erläutern, führt zu weit.)

Nuchem trat gehorsam ein und harrte der weiteren Befehle seines Weibes.

»Nuchem, du Schlemiehl, kriech' unter den Tisch!«

Der Gatte – Kummer gewohnt – kroch widerspruchslos unter den Tisch, während sich Selma triumphierend in der Damenrunde umsah. Nachdem diese anerkennend genickt hatten, befahl sie:

»Genug, Schlemiehl – du darfst wieder hervorkommen!«

Doch es regte sich nichts unter dem Tisch.

»Hast du nicht gehört, Schlemiehl? Du sollst hervorkommen!«

»Nein!« erklang es unterm Tisch.

»Was heißt hier nein?« donnerte Selma ihren Gatten an.

»Ich will dir endlich zeigen, wer der Herr im Haus ist!«

*

Ein sehr frommer Talmudschüler – im Fachjargon ein Jeschiwe Bocher – erscheint eines Tages bei einem reichen Kaufmann und hält um die Hand dessen Tochter an.

»Was sind Sie von Beruf?« fragt der potentielle Schwiegervater.

»Ich bin Jeschiwe Bocher von Beruf.«

»Was haben Sie für ein Einkommen?«

»Ich habe keines«, antwortet der Bittsteller wahrheitsgemäß.

»Womit gedenken Sie also Ihre Frau – meine Tochter – zu ernähren? Sie ist einen hohen Lebensstandard gewohnt.«

»Gott wird helfen.«

»Und wenn Sie Kinder in die Welt setzen, wovon sollen die leben?«

»Da mache ich mir keine Sorge. Gott wird helfen.«

»Und wenn – Gott behüte – eines dieser Kinder krank wird, wie wollen Sie den Arzt oder gar ein Spital bezahlen?«

»Gott ist gerecht! Er wird helfen.«

»Sagen Sie mir ... haben Sie mit meiner Tochter gesprochen? Ist sie mit dieser Art von Zukunftsplanung einverstanden?«

»Ich habe sie nicht gefragt, aber ich bin sicher, daß sie ebenso wie ich auf Gottes Hilfe vertrauen wird.«

Der Kaufmann wiegt nachdenklich den Kopf, dann sagt er: »Ich muß mir das gründlich überlegen und mit meiner Tochter besprechen ... kommen Sie in einer Woche wieder, dann sage ich Ihnen Bescheid.«

Der Jeschiwe Bocher verneigt sich höflich und geht.

Die Tochter, die im Nebenzimmer gewartet hat, stürzt herein und fragt:

»Na Papa, wie gefällt dir mein Bräutigam?«

»Gar nicht ...«

»Hat dir überhaupt nichts an ihm gefallen?«

»Mir ist nichts Positives an ihm aufgefallen.«

»Nichts – überhaupt nichts?!«

»Der einzige sympathische Zug an ihm ist der, daß er mich für Gott hält.«

✻

Als im New York der sechziger Jahre das Musical »Fiddler on the Roof« herauskam (im deutschen Sprachraum aus unerfindlichen Gründen unter dem Pseudonym »Anatevka«), wurde es schlagartig ein sensationeller Kassenerfolg. Es war auf Monate hinaus ausverkauft, und Eintrittskarten waren nur zu Phantasiepreisen im Schleichhandel erhältlich.

Das Ehepaar Safranski ergatterte endlich zwei Karten für eine Nachmittagsvorstellung und setzte sich erwartungsvoll in den ausverkauften Theatersaal, um die Darbietung zu genießen. Da merkten sie, daß in der Reihe vor ihnen ein Platz leer blieb, was ihnen völlig unverständlich schien. Sie nahmen an, daß der Inhaber dieser Karte später kommen würde, doch als der Platz in der Pause immer noch unbesetzt war, konnte Herr Safranski seine Neugier nicht länger bezähmen. Er fragte die Dame neben dem leeren Platz nach dem Grund.

»Das ist der Sitz meines verstorbenen Mannes«, sagte sie traurig.

Herr Safranski war peinlich berührt und entschuldigte sich entsprechend. Doch nach einigen Minuten des Schweigens wandte er sich wieder an die Dame:

»Entschuldigen Sie bitte, aber ich habe noch eine Frage: Es ist doch wahnsinnig schwer, für diese Vorstellung Karten zu bekommen – es ist beinah' eine Sünde, so eine Karte verfallen zu lassen … haben Sie nicht irgendeinen Freund oder einen Verwandten, den Sie hätten einladen können?«

»Natürlich habe ich Freunde und Verwandte«, sagte die Dame, »aber die sind alle beim Begräbnis.«

❊

Ein junges Brautpaar erlitt am Weg zur Trauung in der Synagoge einen fatalen Autounfall. So fatal, daß die beiden kurz danach im Himmel eintrafen.

Der Erzengel Gabriel empfing die Braut und den Bräutigam und fragte, ob sie irgendeinen besonderen Wunsch hätten.

»Ja«, sagte der Bräutigam, »wir wollen getraut werden.«

Gabriel kratzte sich am Kopf und sagte: »Ein ungewöhnlicher Wunsch, fürwahr … dafür gibt es hier keinen Präzedenzfall. Ich muß mich beim Chef erkundigen, ob das möglich ist.«

»Das wäre sehr freundlich von Ihnen«, sagte die Braut.

Gabriel ging seines Weges und kam nach einiger Zeit zurück.

»Der Chef sagt, daß er diesen Wunsch nicht so schnell erfüllen kann. Meldet euch in einem halben Jahr wieder, dann werdet ihr Bescheid erhalten.«

Das halbe Jahr verging, während sich die Brautleute vor Sehnsucht nach der Trauung verzehrten. Sie wandten sich wieder an Gabriel, doch der hatte noch immer keine gute Nachricht:

»Der Chef braucht mehr Zeit. Gebt ihm noch ein halbes Jahr ...«

Nach einem weiteren halben Jahr kam Gabriel mit der freudigen Nachricht, daß die Zeremonie am kommenden Donnerstag abgehalten werden könne.

Das Brautpaar brach in hellen Jubel aus.

An besagtem Donnerstag fand endlich die langersehnte Trauung statt. Die Erzengel Gabriel und Michael fungierten als Trauzeugen, alles was Rang und Namen hatte, war unter den Hochzeitsgästen zu finden. Mendelssohn persönlich spielte seinen Hochzeitsmarsch, und ein echter Rabbiner zelebrierte eine wunderschöne Trauung, zu der ein echter Engelschor mit Harfenbegleitung die einschlägigen Gesänge intonierte.

Einige Wochen später kam das neugebackene Ehepaar wieder zu Gabriel.

»Es tut uns furchtbar leid«, sagte der Gatte, »aber unsere Ehe hat sich nicht als das entpuppt, was wir uns vorgestellt hatten. Wir haben beschlossen, uns scheiden zu lassen.«

Gabriel erbleichte: »Ist das euer Ernst?«

Das Ehepaar antwortete wie aus einem Munde: »Ja!«

»Da werdet ihr lange warten müssen«, sagte Gabriel nachdenklich.

»Noch länger, als wir auf unsere Trauung gewartet haben?«

»Viel länger. Der Chef hat ein ganzes Jahr gebraucht, ehe er hier oben einen Rabbiner gefunden hat. Habt ihr eine Ahnung, wie lange es dauern wird, bis er hier einen Rechtsanwalt findet?«

＊

Das Ehepaar liegt im Bett, da stößt die Gattin ihren Mann:

»Isidor! Du sprichst schon wieder im Schlaf! Wenn das so weitergeht, wirst du einen Arzt aufsuchen müssen.«

»Das wäre hinausgeschmissenes Geld«, murmelt Isidor. »Ich schlage dir lieber ein Geschäft vor: Laß mich hin und wieder reden, wenn ich wach bin – und ich versprech' dir, daß ich kein Bedürfnis mehr haben werde, im Schlaf zu reden.«

＊

»Ich versteh' das nicht«, beklagte sich eines Tages die Gattin bei ihrem Mann, »nie bringst du mir ein kleines Geschenk nach Hause. Bevor wir geheiratet haben, hast du mir immer Blumen gebracht oder eine Bonbonniere oder wenigstens eine Tafel Schokolade ...«

»Wieso verstehst du das nicht?« sagte der liebende Gatte, »hast du schon einmal einen Angler gesehen, der einen Fisch mit Würmern füttert, nachdem er ihn gefangen hat?«

❁

Mendel und Mirjam führten eine lausige Ehe. So lausig, daß sie eines Tages beim Rabbi erschienen:

»Rabbi, du mußt uns helfen. Wir haben beschlossen, uns scheiden zu lassen ...«

»Wenn das in beiderseitigem Einvernehmen geschieht«, sagte der Rabbi nachdenklich, »dann sollte es doch keinen Streit geben. Wozu also braucht ihr mich?«

»Es geht um die Kinder. Wir haben die Absicht, die Kinder aufzuteilen, aber wir wissen nicht wie.«

»Wieso wißt ihr das nicht?«

»Weil wir sieben Kinder haben. Wie sollen wir die gerecht aufteilen?«

»Das allerdings stellt ein echtes Problem dar«, sagte der Rabbi noch nachdenklicher. »Ich werde darüber nachdenken – kommt in einer Woche wieder.«

Eine Woche später hatte der Rabbi die Lösung: »Das beste ist, wenn ihr noch ein Jahr zusammen bleibt. Wenn Gott will, bekommt ihr in dieser Zeit noch ein Kind, und dann kann eine gerechte Teilung vollzogen werden.«

Nachdem keiner der beiden Kontrahenten einen besseren Vorschlag anzubieten hatte, einigte man sich darauf, ein weiteres Jahr miteinander auszuharren.

Nach einem Jahr begegnete der Rabbi dem Paar auf der Straße.

»Wie ich sehe, scheint ihr die geplante Scheidung aufgegeben zu haben.«

»Keine Spur«, sagte Mendel, »wir streiten noch immer über die Aufteilung der Kinder.«

»Wieso?« wollte der Rabbi wissen, »hat euer Zusammenbleiben keine Früchte gezeitigt?«

»Das schon«, sagte Mendel, »aber das Problem ist leider das gleiche geblieben.«

»Wieso?«

Da sagte Mirjam mit einem tiefen Seufzer: »Wir haben Zwillinge bekommen.«

＊

Die Gattin peinigt ihren Mann seit Jahren, daß sie endlich in eine bessere Wohnung übersiedeln will.

»Warum sollen wir uns die Strapazen einer Übersiedlung antun? Mir gefällt es hier sehr gut.«

»Warum bist du nur so knausrig? Du kannst dir doch ohne Umstände eine teurere Wohnung leisten!«

»Laß mich in Ruhe! Mir gefällt es hier, und daher sehe ich keinen Grund, mehr Geld auszugeben.«

So ging das ständig weiter, bis der Gatte eines Tages sagte:

»Dein Wunsch geht endlich in Erfüllung. Ab nächsten Monat wohnen wir in einer kostspieligeren Wohnung.«

»Endlich!« rief die Gattin freudestrahlend aus, »Ziehen wir ins Villenviertel?«

»Nein, wir bleiben hier.«

»Was soll das heißen?«

»Der Hausherr hat die Miete erhöht.«

＊

Sammy Kaplan war ein gewaltiger Schürzenjäger. Eines Tages saß er mit einem Freund im Kaffeehaus und erzählte am laufenden Band von seinen diversen Liebesabenteuern. Plötzlich trat der Kellner an den Tisch:

»Herr Kaplan?«

»Ja, der bin ich.«

»Ich soll Ihnen diesen Brief überreichen.«

Sammy Kaplan öffnete den Brief und wurde kreidebleich.

»Was ist los? Was steht in dem Brief?« wollte der Freund wissen.

»Unglaublich, was da steht ...!«

»Na lies schon vor!«

»Da schreibt mir ein Mensch: ›Wenn Sie noch einmal meiner Frau in die Nähe kommen, dann bringe ich Sie um.‹«

»Unter diesen Umständen«, riet der Freund, »würde ich den Rat beherzigen und der Dame nicht mehr in die Nähe kommen.«

»Du hast leicht reden«, sagte Sammy, »ich habe keine Ahnung, welche Dame gemeint ist. Der Brief ist anonym ...«

＊

Kessler kommt eines Tages unerwartet früh nach Hause und findet seine Frau mit dem Prokuristen seines Unternehmens im Bett. Kessler ist zunächst erstarrt, dann beginnt er mit folgendem Sermon:

»Hören Sie zu, Grünblatt! Wie einen Sohn hab' ich Sie behandelt, auf der Straße hab' ich Sie aufgelesen, hab' Sie in die Schule geschickt, damit Sie was lernen, als Lehrbub haben Sie bei mir angefangen, dann hab' ich Sie zum Kommis gemacht, bis Sie mit all dem, was Sie bei mir gelernt haben, mein Prokurist geworden sind, und jetzt finde ich Sie da – na vielleicht hören Sie endlich auf, wenn ich mit Ihnen red' ...!«

＊

Ein Mann kam nach einigen Jahren der Abwesenheit wieder in seine Heimatstadt auf Besuch. Er schlenderte durch die Straßen und sah plötzlich einen Leichenzug. Hinter dem Leichenwagen erblickte er einen alten Bekannten. Teilnahmsvoll fragte er diesen:

»Um Gottes willen! Wer ist Ihnen gestorben?«

»Meine arme Frau.«

»Wieso? Ihre Frau ist doch schon vor fünf Jahren gestorben!«

»Schon, aber ich habe noch einmal geheiratet.«

»Geheiratet? Gratuliere!«

❋

Nathan Birnbaum, ein wohlhabender Kaufmann beschließt, seiner Gattin zum fünfzigsten Geburtstag ein ganz besonderes Geschenk zu verehren. Er geht also in ein exklusives Damenwäschegeschäft und verlangt ein ganz besonders feines Nachthemd.

Die Verkäuferin führt ihm etliche Modelle vor, aber nichts ist ihm fein genug.

»Haben Sie nichts Feineres? Der Preis spielt keine Rolle«, sagt er.

»Wenn dem so ist«, sagt die Verkäuferin, »dann darf ich Ihnen unser Luxusmodell zeigen, das kostet allerdings 200 Dollar.«

»Zeigen Sie!«

Es wird ihm ein hauchdünnes Nachthemd vorgeführt, das er sorgfältig begutachtet. Dann sagt er:

»Das kommt der Sache schon näher, aber ich könnte mir vorstellen, daß es noch feinere Modelle gibt.«

»Richtig«, sagt die Verkäuferin, »wir haben da noch ein absolutes Luxusmodell für den verwöhnten Feinschmecker, aber das kostet noch einmal so viel.«

»Das will ich sehen!«

Die Verkäuferin holt aus dem obersten Regal das besagte Luxusmodell und präsentiert es voll Stolz. Es ist ein wahrer Traum: hauchdünne Seide, fleischfarben und nahezu transparent.

»Das ist genau das, was ich gesucht habe. Packen Sie es mir ein!«

Er eilt mit dem exklusiven Geschenk nach Hause und überreicht es seiner Gattin mit den Worten:

»Hier hab' ich ein ganz besonders schönes Geburtstagsgeschenk für dich. Ich möchte dich bitten, geh' hinauf ins Schlafzimmer und zieh' es gleich an – ich warte einstweilen unten im Salon auf dich.«

Die liebevolle Gattin entschwindet mit dem Geschenk, während sich Nathan Birnbaum im Salon einen Drink mixt.

Im Schlafzimmer betrachtet seine Frau das teure Geschenk und denkt sich, daß es völlig sinnlos ist, dieses Nachthemd anzuziehen, weil sie genausogut splitternackt herumgehen könnte. Dafür beschließt sie, das Luxusmodell bei nächster Gelegenheit gegen etwas Nützlicheres umzutauschen.

Sie entkleidet sich also, und schreitet in ihrer verführerischsten Pose die Treppe hinunter. Nathan sieht sie kommen und denkt sich:

»Also bei dem horrenden Preis hätten sie das Hemd zumindest bügeln können!«

✻

Da spaziert ein alter Jude gemütlich durch einen Park. Da plötzlich erblickt er einen Frosch. Er schaut den

Frosch an – der Frosch schaut ihn an, nach einer Weile sagt der Frosch:

»Hör zu! Ich bin eigentlich kein Frosch, sondern eine wunderschöne Prinzessin, die von einer bösen Hexe verzaubert wurde. Nimm mich mit nach Hause, und gib mir einen Kuß. Dann werde ich wieder meine wahre Gestalt annehmen, und wir verbringen miteinander eine berauschende Liebesnacht.«

Der Alte überlegt kurz, dann nimmt er den Frosch, steckt ihn in seine Tasche und geht nach Hause.

Daheim angelangt beginnt der Frosch in der Tasche unruhig zu werden:

»Küß mich endlich, damit wir die berauschende Liebesnacht beginnen können!«

Darauf sagt der Alte: »Weißt Du, ich hab mir das am Heimweg überlegt … in meinem Alter brauch ich keine berauschende Liebesnacht, da ist ein sprechender Frosch viel interessanter.«

Die jüdische Mamme

Mutterliebe kann etwas sehr Schönes sein. Vorausgesetzt, daß sie nicht übertrieben wird. Es gibt sicherlich unter allen Völkern Mütter, die zur Übertreibung neigen, aber jüdische Mütter müssen gar nicht übertreiben. Es genügt, daß sie jüdische Mütter sind. Zahllose Geschichten legen dafür ein beredtes Zeugnis ab:

Die jüdische Mamme kauft ihrem Sohn zum Geburtstag zwei Krawatten: eine rote und eine blaue. Am Wochenende besucht er seine Mutter und trägt die rote Krawatte.

Die Mutter sieht ihn mißbilligend an und sagt vorwurfsvoll:

»Und die blaue Krawatte gefällt dir nicht?!«

❀

Drei ältere Damen sitzen um den Kaffeetisch und unterhalten sich über ihre Kinder.

»Mein Sohn ist meine ganze Freude«, sagt die erste, »zu meinem Geburtstag hat er mir einen wunderschönen Nerzmantel geschenkt.«

»Der meine ist auch sehr großzügig«, sagt die zweite, »er hat mir einen echten zweikarätigen Brillantring geschenkt.«

»Mein Sohn ist ein wahrer Engel«, sagt die dritte. »Jede Woche geht er zu einem Psychoanalytiker, der pro Stunde 1000 Schilling verrechnet. Und jede Woche redet er eine ganze Stunde lang nur über mich!«

❀

Die nicht mehr ganz taufrische Frau Leibowitz geht zum ersten Mal in ihrem Leben zu einem Frauenarzt. Der Arzt begrüßt sie freundlich, nimmt ihre Personalien auf, dann sagt er:

»Und jetzt, Frau Leibowitz, würde ich Sie bitten, sich zu entkleiden.«

»Entkleiden?«

»Ja, wenn ich bitten darf.«

»Sie meinen, daß ich mich ganz ausziehen soll?«

»Ja.«

»Sagen Sie, Herr Doktor ... haben Sie Ihrer Mutter jemals erzählt, womit Sie Ihren Lebensunterhalt verdienen?«

✸

Frau Kantor trifft Frau Kaplan und erkundigt sich:

»Wie geht es Ihrem Sohn? Hat der nicht vor einiger Zeit geheiratet?«

»Ja leider«, sagt Frau Kaplan, »es ist ein wahres Unglück. Seine Frau rührt keinen Finger im Haus. Kochen kann sie nicht, sie kann ihm nicht einmal einen Knopf annähen, geschweige denn sonst etwas Nützliches tun. Sie liegt im Bett und läßt sich von ihm das Frühstück bringen, den ganzen Tag tut sie nichts als fernsehen und Bonbons lutschen. Ich weiß nicht, wie das weitergehen soll ...«

»Schrecklich«, sagt Frau Kantor, »und was ist mit Ihrer Tochter?«

»Die hat Glück gehabt. Ihr Mann ist ein Schatz! Sie darf überhaupt nicht die Küche betreten. Er hat ihr eine Hausgehilfin engagiert, die ihr alle Arbeit abnimmt. Und was das Schönste ist: Er bringt ihr jeden Morgen das Frühstück ans Bett. Sie hat den ganzen Tag Zeit für sich, sie kann stundenlang fernsehen, Konfekt essen, sie kann machen, was sie will – der einzige Wermutstropfen ist ihre Schwiegermutter. Die beiden verstehen sich überhaupt nicht ...«

❀

Ein EL-AL Flugzeug ist im Begriff zu starten. Die Passagiere vernehmen über die Lautsprecheranlage folgende Meldung einer sonoren Frauenstimme:

»Meine Damen und Herren, willkommen an Bord des EL-Al Fluges 377. Ihre Flugbegleiterinnen sind die Damen Esther Rosenblatt, Mirjam Lefkowitz und Sarah Knopf. Und jetzt möchte ich Sie mit meinem Sohn, dem Kapitän, bekanntmachen ...«

❀

Frage: Was ist der Unterschied zwischen einem Terroristen und einer jüdischen Mamme?

Antwort: Mit einem Terroristen kann man verhandeln.

❀

Drei Söhne einer jüdischen Mamme gingen vor Jahren ins Ausland, wo sie zu Reichtum und Ansehen gekommen sind. Anläßlich des 80. Geburtstags ihrer Mutter beraten die drei Söhne, was sie ihr schenken könnten.

Abraham, der älteste, verkündete: »Ich werde ihr ein neues, großes Haus kaufen, in dem sie sich richtig wohl fühlen wird.«

Herschel, der zweite, hatte eine andere Idee: »Ich schenke ihr einen neuen Mercedes und engagiere ihr dazu einen Chauffeur.«

David, der jüngste, hatte den originellsten Einfall: »Ihr wißt doch, daß unsere Mutter nicht mehr gut sieht. Sie ist nicht mehr in der Lage, die Bibel zu lesen, was sie immer so gerne getan hat. Ich habe neulich einen faszinierenden Papagei entdeckt, der die ganze Bibel auswendig rezitieren kann. Den werde ich ihr schicken.«

Einige Wochen später kam ein Dankesbrief der Mutter:

»Meine lieben Kinder, ich danke euch sehr für eure Geschenke, aber:

Abraham, das Haus, das du mir gekauft ist, ist viel zu groß für mich. Ich wohne nur in einem der vielen Räume, alle anderen muß ich ständig putzen, was kein Vergnügen ist.

Herschel, der Mercedes, den du mir geschenkt hast, ist zwar sehr schön, aber ich bin zu alt, um zu reisen. Außerdem kann ich den Chauffeur nicht ausstehen.

Wirkliche Freude hat mir nur Davids Geschenk be-
reitet: Das Huhn war zwar klein, aber es hat köstlich geschmeckt.«

✳

*Was nun folgt, hat überhaupt nichts mit der »jüdischen
Mamme« zu tun, aber weil gerade von einem Papagei die
Rede war, kann ich nicht umhin, diese Geschichte ein-
zuflechten:*

Herr Pollak betritt eine Tierhandlung, mit der Absicht, einen Papagei zu kaufen. Der Verkäufer zeigt ihm
etliche wunderschöne Exemplare, die sich alle in der
Preisklasse zwischen 10 000 und 25 000 Schilling bewegen. Da sieht Pollak einen eher häßlichen, unscheinba-
ren Papagei im Hintergrund des Käfigs.

»Was kostet der?« fragt Pollak.

»Der wird Ihnen zu teuer sein«, sagt der Verkäufer,
»der kostet 100 000 Schilling.«

»Sind Sie wahnsinnig? Warum kostet ausgerechnet
der so viel?«

»Weil er nicht nur sprechen kann – das können die
meisten – dieser spricht zehn Sprachen, und zwar per-
fekt!«

»Das glaub' ich nicht.«

»Sie können ihn ja prüfen«, meint der Verkäufer.

Pollak nähert sich dem Papagei und fragt ihn: »Wie
heißt du?«

»Einstein«, antwortet der Papagei.

»Do you speak English?«

»Of course I do.«

»Parlez-vous français?«

»Oui monsieur.«

»Habla español?«

»Si, si, señor.«

»Italiano?«

»Naturalmente.«

»Beszél magyarul?«

»Igen.«

»Mluvite Česky?«

»Ano.«

»Russki?«

»Da.«

»Kannst du auch Jiddisch?«

»Nu hörste, bei der Nasen …!«

✽

Entschuldigen Sie bitte dieses Intermezzo. Die Rede war
von der jüdischen Mamme:

Irgendwann im neuen Jahrtausend wird in den USA
tatsächlich ein jüdischer Präsident gewählt. (Bisher war
es so, daß es kein aufrechter Amerikaner seinem Präsidenten übelgenommen hat, wenn er in der Öffentlichkeit mit Gebetmantel und Jarmikl erschien – vorausgesetzt natürlich, daß er kein Jude war. Aber zurück zur
Zukunft:) Der frischgewählte Präsident ruft seine Mutter an und lädt sie zu seiner festlichen Vereidigung ein.

»Aber ich hab' nichts zum Anziehen«, sagt die Mutter.

»Keine Sorge, Mama«, tröstet sie der Präsident, »ich besorge dir die beste Designerin des Landes.«

»Und wenn es dann ein Festessen gibt, kann ich nicht teilnehmen, weil ich nur koscher essen kann.«

»Mama, ich bin Präsident der Vereinigten Staaten! Ich habe die Mittel, dir koscheres Essen zu besorgen.«

»Aber wie komme ich von Brooklyn nach Washington?«

»Ich schick' dir mein Flugzeug, die ›Airforce One‹.«

»Du weißt doch, daß ich nicht fliege, es wird mir schlecht.«

»Dann schicke ich dir eine Limousine mit meinem Chauffeur.«

Die Mutter zögert einen Moment, aber weil ihr keine weiteren Einwände mehr einfallen, sagt sie schließlich zu:

»Also gut, wenn es dich glücklich macht, dann komme ich eben.«

Der große Tag ist gekommen, und Mama sitzt auf der Ehrentribüne mitten unter lauter Richtern des obersten Gerichtshofes und zukünftigen Kabinettsmitgliedern.

Der Mann zu ihrer Rechten, einer der obersten Richter, fragt sie:

»Ich nehme an, Sie sind sehr stolz auf Ihren Sohn?«

»Stolz? Er hat einen Job für die nächsten vier Jahre, was ist das schon? Sein jüngerer Bruder, der ist wirklich etwas geworden: Er ist Arzt!«

✤

Eine jüdische Mamme geht mit ihrem kleinen Sohn am Strand spazieren. Da plötzlich erfaßt eine große Brandungswelle das Kind und zieht es ins Meer. Die Mutter, die nicht schwimmen kann, ruft Gott um Hilfe an:

»Hilf, guter Gott! Ich habe immer deine Gebote beachtet, wie kannst du mir das antun?! Gib mir mein Kind wieder …!«

Da kommt eine weitere, womöglich noch stärkere Brandungswelle, und spült das Kind wieder an den Strand.

Die Mamme mustert das Kind, sieht nach, ob alles in Ordnung ist, dann wendet sie sich vorwurfsvoll zum Himmel:

»Und wo ist seine Mütze?!«

❋

Die Mamme geht wieder mit ihrem kleinen Sohn spazieren. Es ist Winter, und die Temperatur ist dementsprechend eisig. Da sagt die Mamme zu ihrem Sohn:

»Moischele, knöpf dir den Mantel zu, und stell den Kragen auf, mir ist kalt!«

❋

Die Tochter von Frau Jakobsohn wurde eben eines gesunden Knaben entbunden – mit anderen Worten: Sie

hat Frau Jakobsohn unversehens zur Großmutter gemacht.

»Freust du dich nicht?« wurde sie von ihrem Gatten
gefragt.

»Schon aber ...«, sie zögerte.

»Was ist? Stört es dich vielleicht, daß du Großmutter
geworden bist?«

»Das nicht. Was mich wirklich stört, ist ganz was anderes.«

»Also was stört dich?«

»Mich stört, daß ich jetzt mit einem Großvater schlafen muß.«

*

Das Telefon läutet, die Mamme hebt ab, ihre Tochter ist
am Apparat:

»Mama, ich habe eine freudige Nachricht für dich: Ich
habe mich vor ein paar Wochen verlobt, und wir planen,
demnächst zu heiraten!«

»Masel tow, mein Kind! Das ist aber wirklich eine gute
Nachricht! Wer ist der glückliche Bräutigam, ein Doktor oder ein Rechtsanwalt?«

»Weder noch Mama, er ist arbeitslos, aber sehr nett.«

»Hat er denn keinen Beruf gelernt, dein Bräutigam?«

»Schon, aber den kann er bei uns nicht ausüben, nur
in Afrika ...«

»Was ist das denn für ein Beruf?«

»Er ist Medizinmann gewesen.«

»Was? Soll das heißen, daß er ein Neger ist?«

»Du hast es erraten, Mama ... aber er sieht sehr gut aus, er wird dir sicher gefallen.«

»Hauptsache, daß er dir gefällt ... und wo werdet ihr wohnen?«

»Das ist ein kleines Problem, Mama: Wir haben keine Wohnung ...«

»Das macht nichts, mein Kind. Ihr könnt bei mir wohnen, wenn ihr wollt.«

»Aber was ist, wenn wir ein Kind bekommen?«

»So schnell muß das ja nicht sein ...«

»Oh doch Mama, ich bin nämlich schwanger!«

»Dann werdet ihr euch eben in meiner kleinen Wohnung ein bißchen einschränken müssen. Aber das Schlafzimmer ist groß genug, und das Kabinett wird eben das Kinderzimmer sein.«

»Das ist sehr lieb, Mama – aber wo wirst du schlafen?«

»Um mich mach' dir keine Sorgen, mein Kind. Sobald wir fertig telefoniert haben, häng' ich mich auf!«

❀

Wenn es eine Steigerung der jüdischen Mamme geben kann, dann ist es natürlich die jüdische Großmutter. Wenn sie von ihrem Enkelkind redet, neigt sie dazu zu sagen: »Mein Enkerl ist ein ganz normales jüdisches Kind: ein Genie.« Und das ist nur die Einleitung.

Zum Abschluß dieses Kapitels empfinde ich es nahezu als Pflicht, die folgende Geschichte festzuhalten:

Eine ältere Dame besteigt einen Zug und sucht einen Sitzplatz in einem Abteil. Sie öffnet die Tür des ersten Abteils und fragt die dort befindlichen Fahrgäste:

»Entschuldigen Sie, gibt es hier eine Großmutter?«

Eine Dame meldet sich: »Ja, ich bin Großmutter!«

»Danke schön«, sagt die neu Hinzugestiegene, und geht zum nächsten Abteil, wo sie die Frage nach der Großmutter wiederholt. Diesmal melden sich sogar zwei Großmütter.

Unsere ältere Dame geht also von einem Abteil zum nächsten, bis sie endlich eines findet, wo sich keine Großmutter meldet.

Erleichtert tritt sie ein, verstaut ihr Gepäck, nimmt Platz und wendet sich dann an die Mitreisenden:

»... und jetzt muß ich Ihnen unbedingt von meinem Enkerl erzählen ...«

✻

Die Frau Pollak

Kein Mensch weiß, ob es die Frau Pollak tatsächlich gegeben hat. Das ist auch nicht wirklich von Bedeutung. Es ist auch nicht wichtig, ob sie Pollak geheißen hat. Tatsache ist, daß ich im Laufe der Jahre etliche neureiche Damen (nicht nur jüdischen Glaubens) kennengelernt habe, die von der legendären Witzfigur, die als Frau Pollak in die Geschichte einging, nicht zu unterscheiden waren. Es ist ferner eine Tatsache, daß nichts so sehr den Charakter eines Menschen verändern kann als Geld. Und wenn es zu viel Geld ist, kann man leicht eine Witzfigur werden.

Die meisten Frau Pollak-Witze handeln davon, daß die Neureichen oft ungebildet sind. Sie bestehen oft aus eher primitiven Wortspielereien. So etwa bittet die Frau Pollak ihre Gäste in das »Brüdermeierzimmer mit die Makkaronimöbeln«, oder sie beklagt sich, daß sie für eine Soiree ein ganzes Quartett bestellt hat, und es »kommen nur vier Leut'«. Es gibt Leute, die das komisch finden, aber ich würde diese »Späße« in die Unterstufe der Frau Pollak-Witze einordnen. Es gibt auch bessere, zum Beispiel:

Frau Pollak geht ins nobelste (und natürlich auch teuerste) Porzellangeschäft der Stadt. Sie läßt sich ein Service nach dem andern vorführen, bis sie sich für das teuerste entscheidet:

»Das da möcht' ich haben, und zwar für 36 Personen.«

»Gerne, gnädige Frau. Sollen wir es gleich einpacken?«

»Nein«, sagt die Frau Pollak, »ich brauch' nämlich eine spezielle Anfertigung von diesem Service: Auf jedem Teller muß hinten draufstehen ›Pollak‹.«

»Das wird nicht gehen, fürchte ich.«

»Was heißt: das wird nicht gehen? Und bei Rosenthals ist es gegangen?«

✻

Frau Pollak beschließt, ihre Villa neu zu dekorieren. Daher läßt sie sich den teuersten Innenarchitekten einfliegen, der das Haus eingehend mustert und dann die Frage stellt:

»Welchen Stil haben Sie sich vorgestellt, gnädige Frau?«

»Was meinen Sie mit Stil?«

»Soll das Haus modern gestaltet werden oder klassisch?«

»Was meinen Sie mit klassisch?«

»Nun«, sagt der Innenarchitekt nachdenklich, »wir könnten es Empire gestalten oder im Jugendstil, sehr viel getragen wird jetzt auch Bauhaus oder Wiener Werkstätten ...«

»Das ist mir alles ganz egal«, sagt Frau Pollak energisch, »wichtig ist nur eines: Wenn meine Freundin, die Frau Rosenthal, auf Besuch kommt, soll sie vor Neid der Schlag treffen!«

*

Frau Pollak will Frau Berkowitz für den nächsten Samstag zu einer Soiree einladen.

»Da muß ich leider passen«, sagt Frau Berkowitz, »weil am kommenden Samstag gehen wir zu ›Figaros Hochzeit‹.«

»No wenn Ihnen das wichtiger ist ...«

»Ich hätte eine Idee: Wollen Sie nicht vielleicht mitkommen?«

»So wichtig ist uns der Figaro nicht. Wir werden ihm ein Glückwunschtelegramm schicken.«

*

Herr Pollak ruft seine Frau an und teilt ihr mit, daß er eben einen echten Rubens erworben hat. Frau Pollak versteht nicht ganz:

»Meinst du Rubin, den Doktor, oder Rubin, den koscheren Fleischer?«

»Nicht Rubin«, belehrt sie der Gatte, »ich meine Rubens, den Maler!«

»Ach so«, Frau Pollak versteht endlich. »Bei der Gelegenheit könntest du ihn fragen, was er verlangt, wenn er mir die Küche ausmalt.«

❉

Der kleine Sohn der Frau Pollak hat das schulpflichtige Alter erreicht. Der große Tag ist gekommen, da Pollak junior zum ersten Mal in die Schule zu gehen hat, und die Mama kann ihn natürlich nicht allein dorthin schicken. Diese Prozedur muß standesgemäß stattfinden, damit alle Leute wissen, wer die Pollaks sind.

Demgemäß wartet vor der Pollakschen Villa um Punkt 7 Uhr 30 der livrierte Chauffeur der Familie mit dem Cadillac. Um 7 Uhr 50 hält der Cadillac vor der Schule, der Chauffeur öffnet den Wagenschlag und hilft der Frau Pollak, die ihren Sohn auf dem Schoß hat, aus dem Wagen. Dann überreicht Frau Pollak dem Chauffeur den Sohn, und dieser trägt ihn behutsam in die Schule.

Eine Frau, die das sieht, ruft mitleidig aus:

»Der arme Bub! Kann er nicht gehen?«

»Natürlich kann er gehen«, sagt die Frau Pollak empört, »aber Gott sei Dank muß er nicht!«

❉

Frau Pollak ist zu einem Abendessen eingeladen, und bekommt als Tischnachbar einen Herrn zugewiesen, dessen Namen sie nicht versteht. Alles was sie versteht, ist der Doktortitel vor dem Namen.

Im Verlaufe des Diners wendet sie sich an ihren Nachbarn:

»Entschuldigen Sie, Herr Doktor, wenn ich Sie beruflich in Anspruch nehme, aber ich habe seit einiger Zeit hier in der linken Hüfte so ein seltsames Stechen ...«

»Bevor Sie weiterreden, gnädige Frau«, unterbricht sie der Herr Doktor, »ich verstehe davon nichts, ich bin zwar Doktor, aber der Jurisprudenz.«

»Ach so«, sagt die Frau Pollak. Dann nach einer kurzen Nachdenkpause fragt sie: »Darf ich Sie noch etwas fragen, Herr Doktor?«

»Selbstverständlich, gnädige Frau.«

»Dann erklären Sie mir bitte: was für eine Krankheit ist eigentlich die Jurisprudenz?«

❋

Frau Pollak beschließt, etwas in Sachen Kultur zu unternehmen, und geht ins Theater. Im Programmheft liest sie den Titel des Stückes: »Der böse Geist Lumpazivagabundus, oder das liderliche Kleeblatt:«

»Das nenn' ich eine schlampige Geschäftsgebarung«, sagt sie zu ihrem Mann, »10 Minuten vor Beginn der Vorstellung, wissen sie immer noch nicht genau, was sie heute spielen werden.«

❋

Frau Pollak gibt wieder einmal eine Soiree. Etliche Intellektuelle befinden sich unter den Gästen, dementsprechend bewegt sich die Unterhaltung weit über dem Horizont der Gastgeberin. Das Thema des Abends ist Psychologie:

»Ich darf wohl annehmen«, sagt Professor Abendroth, »daß Sie alle das Buch ›Totem und Tabu‹ von Sigmund Freud gelesen haben ...«

Alle nicken, nur Frau Pollak sagt:

»Ich hab' für sowas keine Zeit. Ich warte lieber, bis es verfilmt wird.«

❉

Das Ehepaar Pollak hat Karten für das philharmonische Konzert erworben. Das Konzert beginnt um halb acht, doch Herr Pollak hatte wichtige Dinge im Geschäft zu erledigen, so daß sie sich verspäten.

Nachdem sie endlich ihre Plätze eingenommen haben, fragt Frau Pollak ihren Sitznachbar, was da eigentlich gespielt wird.

»Die Eroica«, sagt dieser mißmutig.

»Die was?« fragt Frau Pollak.

»Die dritte Symphonie von Beethoven!«

»Aha«, sagt sie. Dann zischt sie ihren Gatten an: »Weil du so viel Zeit in deinem blöden Geschäft vertrödelt hast, haben wir jetzt schon zwei ganze Symphonien versäumt!«

❉

Frau Pollak beschließt, ihr Schlafzimmer neu zu möblieren, und geht ins teuerste Antiquitätengeschäft.

»Das hier«, sagt der Verkäufer, »ist ein exquisites Bett im Stil Ludwigs des vierzehnten ...«

Frau Pollak mustert das Bett aufmerksam, dann sagt sie:

»Das Bett ist ein bißchen klein. Haben Sie es nicht eine Nummer größer? Zum Beispiel im Stil Ludwigs des fünfzehnten, oder besser noch: des sechzehnten ...?«

❂

Herr Pollak ruft seine Gattin an: »Hör zu, ich hab' heute einen Lamborghini und einen Toulouse-Lautrec gekauft, sind die schon geliefert worden?«

»Na ja«, sagt Frau Pollak nachdenklich, »irgend etwas ist geliefert worden, aber ich weiß nicht, ob's das eine oder das andere ist ...«

❂

Frau Pollak beschließt sich porträtieren zu lassen. Das Bild ist wunderschön geworden: Frau Pollak sitzt auf einem Empirestuhl, angetan in einem höchst dekorativen Brokatkleid, mit einem spektakulären Brillantenkollier um den Hals. Sie zeigt es stolz ihrer Freundin, Frau Rosenthal.

»Großartig«, sagt diese, »das Porträt ist wirklich gelungen, gratuliere! Aber ... ich hab' gar nicht gewußt, daß Sie so ein phantastisches Kollier besitzen.«

»Das Kollier besitze ich auch nicht, aber ich hab' dem

Maler aufgetragen, daß er es mir um den Hals malen soll.«

»Warum?«

»Das«, sagt Frau Pollak, »kann ich Ihnen genau sagen: sollte ich – Gott behüte – vor meinem Mann sterben, und er beschließt eines Tages, wieder zu heiraten, dann will ich, daß ihn seine neue Frau ununterbrochen fragt: ›Wo sind diese Brillanten hingekommen?!‹«

✽

Jüdische Kellner

Vielleicht gibt es irgendwo auf der Welt auch jüdische
Kellner, die höflich, freundlich und zuvorkommend sind.
Aber wenn, dann sind sie es sicher nur zu nichtjüdischen
Gästen. Juden, die Juden bedienen müssen, legen größten Wert darauf, nicht nur ihre Gleichwertigkeit zu demonstrieren – das wäre vielleicht noch verständlich –
doch das genügt ihnen nicht: Sie wollen zeigen, daß sie
etwas Besseres sind, und daß sie es eigentlich gar nicht
nötig haben, den Kellnerberuf auszuüben. Es hat auch
gar keinen Sinn, wenn der Gast einen Kellner besonders
untertänig und demütig behandelt. Das steigert nur
seine Arroganz. Es gibt daher nur zwei Möglichkeiten:
entweder man erduldet den jüdischen Kellner, so wie er
ist – oder man geht ins Chinesische Restaurant.

Zwei Gäste nehmen in einem Kaffeehaus Platz. Der (jüdische) Kellner kommt nach einer geraumen Weile und sagt:

»Nu? Wollen Sie Kaffee oder Tee?«

Der erste Gast sagt: »Ich möchte einen Tee.«

Der zweite Gast sagt: »Ich auch – aber bitte in einem sauberen Glas.«

»Soll sein«, sagt der Kellner und geht sehr langsam in Richtung Küche.

Nach längerer Zeit kommt er mit zwei Gläsern Tee und sagt:

»Zweimal Tee. Wer von euch zwei hat das saubere Glas bestellt?«

✶

Der Gast fragt den Kellner: »Könnten Sie mir sagen, wie spät es ist?«

»Warten Sie, bis der Kollege kommt«, sagt der Kellner, »Sie sitzen nicht in meinem Revier.«

✶

Der Gast beklagt sich: »Herr Ober, was haben Sie mir da für ein seltsames Huhn serviert?«

»Was paßt Ihnen nicht an dem Huhn?« fragt der Kellner.

»Es hat nur einen Fuß!«

»Na und? Wollen Sie das Huhn essen, oder wollen Sie mit ihm tanzen?«

❉

Ein Mann betritt das Restaurant und setzt sich an einen Tisch. Der Kellner kommt mißtrauisch auf ihn zu und fragt ihn, was er essen will.

»Ich bin nicht hungrig, ich will nur ein Glas Bier.«

Der Kellner schüttelt mißbilligend den Kopf und bringt dem Gast ein Bier.

Der Mann trinkt das Glas in einem Zug aus, wirft eine Fünfzig-Schilling-Note auf den Tisch und geht.

Da sagt der Kellner zu seinem Kollegen: »Unglaublich, diese Chuzpe! Sauft das Bier aus, gibt mir 50 Schilling Trinkgeld, und geht weg, ohne zu zahlen!«

❉

Der Stammgast kommt schon seit Jahren ins gleiche Restaurant. Er weiß, daß es kein Luxuslokal ist, stellt daher keine hohen Ansprüche – aber diesmal war das Essen völlig ungenießbar. Empört ruft er nach dem Kellner.

»Paßt Ihnen etwas nicht?« will dieser wissen.

»Hören Sie zu! Das Menü, das Sie mir heute serviert haben, spottet jeder Beschreibung: die Suppe war versalzen, der Braten zäh wie ein Nilpferd, und die Nudeln stinken nach Petroleum.«

»Ich hab' nicht gewußt, daß Sie so heikel sind ...«

»Reden Sie nicht, und holen Sie mir den Chef!«

»Wozu? Ihm hat das Menü auch nicht geschmeckt.«

❀

Der Gast bekam eben eine Suppe serviert und ruft den Kellner zurück:

»Herr Ober!«

Der Kellner schlurft mißmutig zum Tisch und fragt: »Was is'?«

»Kosten Sie einmal diese Suppe.«

»Was paßt Ihnen nicht an der Suppe?«

»Stellen Sie keine Fragen, kosten Sie lieber die Suppe.«

»Einmal möchte ich erleben, daß mich ein Gast kosten läßt, wenn ihm etwas gut schmeckt, aber das ist mir noch nie passiert.«

»Ihre Biographie interessiert mich nicht. Alles, was ich von Ihnen will, ist nur, daß Sie diese Suppe kosten.«

»Ich hab' jetzt keine Zeit für solche Blödheiten, das Lokal ist voll, die Gäste schreien nach Bedienung, Sie verlangen von mir, daß ich alles liegen und steh'n laß, nur damit ich Ihre lausige Suppe kosten soll..«

»Herr Ober«, der Gast erhebt seine Stimme, »wenn Sie nicht sofort diese lausige Suppe kosten, ruf' ich den Chef!«

»Also gut«, sagt der Kellner, »wenn Ihnen das so wichtig ist, dann werd' ich eben ... wo ist der Löffel?«

»Aha! Verstehen Sie endlich?!«

✽

Es gibt noble Restaurants, in denen die Kellner Handschuhe tragen. Ein durch seinen bisherigen Kellner durchaus nicht verwöhnter Gast erkundigt sich:

»Sagen Sie, Herr Ober, ist das Essen bei Ihnen so scheußlich, daß Sie es nicht mit bloßen Händen angreifen wollen?«

✽

Der empörte Gast pfaucht den Kellner an:

»Herr Ober, was macht diese Fliege in meinem Vanilleis?!«

»Wahrscheinlich will sie sich abkühlen. Wissen Sie, in der Küche ist es sehr heiß.«

✽

Die traurige Pointe

Das Wort »Pointe« impliziert normalerweise Lachen oder zumindest Schmunzeln. Zahllose Satiriker, Humoristen und Gag-Writer wurden und werden dafür teuer bezahlt, Pointen zu erfinden, welche imstande sind, ein Auditorium zum Lachen zu bringen. Wenn man lange genug in diesem Beruf tätig ist, kann man das Pointen-Erfinden lernen, so wie jedes Handwerk mit der Zeit erlernbar ist.

Doch gibt es daneben etwas, das ich die »traurige Pointe« nennen möchte. Sie reizt nicht zum Lachen, sondern vielmehr zum Nachdenken. Eine traurige Pointe zu erfinden, ist fast unmöglich. Die muß man erleben, und – als solche erkennen. Ich möchte dieses Kapitel mit einer Pointe beginnen, die ich selbst erlebt (und erkannt) habe:

Die Geschichte spielt im Oktober 1956. In Ungarn tobte gerade ein Aufstand gegen die von den Sowjets gestürzte kommunistische Regierung des Matyas Rakosi. Einige Tage lang sah es so aus, als würden die Rebellen siegen. Doch dann marschierte die sowjetische Armee ein, und schlug die Revolte mit Panzergewalt nieder. In diesen Tagen flohen etwa 200 000 Menschen aus allen Teilen Ungarns nach Österreich.

Und so ging eines Abends in meiner »Marietta-Bar« die Tür auf, ein kleiner, unscheinbarer Mann in schäbigem Anzug trat ein und verlangte nach mir.

»Ja bitte«, sagte ich, »was kann ich für Sie tun?«

»Gestatten, daß ich mich vorstelle«, sagte er mit starkem ungarischem Akzent, »mein Name ist Rakos – ohne »i«. Ich war Geiger in der Budapester Philharmonie und bin eben in Wien angekommen. Ihre Cousine, Frau Marta Fenyves, hat mir geraten, mich an Sie zu wenden. Sie läßt Sie übrigens sehr schön grüßen ...«

»Danke. Wie sind Sie herüber gekommen?« wollte ich wissen.

Da begann er zu erzählen. Und es war viel, was er zu erzählen hatte ...

Nach einigen Minuten unterbrach ich ihn:

»Entschuldigen Sie bitte meine Unhöflichkeit. Darf ich Ihnen vielleicht etwas zu essen oder zu trinken anbieten?«

»Ja bitte ... vielleicht etwas zum Trinken.«

Ich rief den Kellner herbei. »Der Herr möchte etwas trinken.«

»Was darf es sein?« fragte der Kellner.

Herr Rakos zögerte einen Moment, dann sagte er: »Könnte ich vielleicht ein Coca-Cola haben?«

»Natürlich können Sie ein Coca-Cola haben«, sagte ich, »aber wollen Sie nicht lieber einen wirklichen Drink? Einen guten Cognak oder einen Whiskey?«

»Nein bitte schön«, Herr Rakos lächelte verlegen. »Ich möchte – wenn ich darf – ein Coca-Cola.«

Der Kellner nahm den Wunsch des Gastes devot zur Kenntnis, verneigte sich und ging.

Herr Rakos begann weiter zu erzählen, doch ich unterbrach ihn:

»Wieso wollen Sie ausgerechnet ein Coca-Cola trinken?«

»Weil ... wissen Sie ...«, er holte weit aus, »für uns hinter dem Eisernen Vorhang war Coca-Cola immer irgendwie ein Symbol der Freiheit.«

Ehe ich darauf etwas erwidern konnte, erschien der Kellner, stellte ein Glas vor Herrn Rakos und schenkte das bräunliche Zuckerwasser namens Coca-Cola ein.

Herr Rakos nahm das volle Glas in die Hand, betrachtete eine Weile den Inhalt – und tat nichts.

»Warum trinken Sie nicht, Herr Rakos?« wollte ich wissen.

»Ich hab' Angst ... vielleicht schmeckt es mir nicht ...«

❉

Oder nehmen wir die folgende, aus Polen stammende Geschichte:

Nach dem Zweiten Weltkrieg gab es nur mehr eine verschwindend kleine Anzahl von Juden in Polen. Dies allerdings tat dem altehrwürdigen, tief verwurzelten polnischen Antisemitismus keinen wie immer gearteten Abbruch. Die Polen, ebenso wie auch andere Völker des ehemaligen Ostblocks, brachten das Kunststück zuwege, einen florierenden Antisemitismus ohne Juden zu entwickeln. Besonders arg wurde es nach dem Israelischen »Sechstage-Krieg« 1967, als jeder Sympathisant Israels zu einem »faschistischen Aggressor« gestempelt wurde.

In diesen Tagen trafen sich in Warschau zwei Juden, die einander lange nicht gesehen hatten.

»Wie geht es dir?« fragte Itzig seinen Freund Ruben.

»Was fragst du so blöd? Wie kann es einem Juden schon gehen im heutigen Polen?«

»Ich kann nicht klagen, mir geht es nicht schlecht.»

»Wieso?«

»Man muß eben wissen, wie man sich den Gegebenheiten anpassen kann.«

»Was soll das heißen?« Ruben war ehrlich erbost. »Wie paßt man sich an die ständigen Beschimpfungen an, wie gewöhnt man sich daran, daß man seinen Posten verliert, daß die Kinder aus der Schule geworfen werden, daß man im Lebensmittelgeschäft nur schlecht oder gar nicht bedient wird?«

Itzig lächelte pfiffig: »Ich habe mir das Leben besser arrangiert.«

»Wie hast du das gemacht?«

»Du erinnerst dich doch, daß ich nach der Flucht aus dem Warschauer Ghetto von einem Macher bei den polnischen Partisanen versteckt wurde.«

»Natürlich. Der hat dir nicht nur das Leben gerettet, der hat dich auch bis zum Kriegsende ernährt, obwohl er selbst kaum etwas hatte.«

»Stimmt. Er war ein guter Mensch, dem ich viel zu verdanken habe«, sagte Itzig mit bewegter Simme.

»Und was ist mit dem?« wollte Ruben wissen.

»Der ist kurz nach dem Krieg ein großes Tier in der Partei geworden. Demnächst soll er sogar Minister werden.« Itzig zögerte einen Moment.

»Na und?« fragte Ruben ungeduldig.

Itzig lächelte traurig: »Den erpress' ich jetzt ...«

*

Aus der ehemaligen DDR stammt folgende Geschichte:

Wieder einmal gab es eine Lebensmittelknappheit im Land. Vor den Geschäften bildeten sich schon um Mitternacht lange Menschenschlangen, um bei Öffnung der Läden irgend etwas Eßbares ergattern zu können.

Kurz nach vier Uhr morgens kam ein HO-Funktionär aus der Ladentür und verkündete:

»Wir haben eben die Nachricht erhalten, daß die erwartete Lieferung kleiner ausfallen dürfte als erwartet. Wir können daher leider nicht alle Wartenden versorgen. Ich muß also alle anwesenden Bürger jüdischen Glaubens ersuchen, die Warteschlange zu verlassen!«

Worauf einige Menschen gesenkten Kopfes hungrig nach Hause gingen.

Eine Stunde später erschien abermals der Funktionär:

»Ich bedaure mitteilen zu müssen, daß die uns zugeteilte Lieferung aus strategischen Gründen reduziert werden mußte. Es tut mir aufrichtig leid, aber ich muß alle Nicht-Parteimitglieder bitten, sich zu entfernen.«

Worauf wieder etliche Menschen enttäuscht davon gingen.

Kurz vor sechs Uhr kam der Funktionär mit einer neuen Meldung:

»Genossen, eben kam die Nachricht, daß heute überhaupt keine Lieferung zu erwarten ist. Das Geschäft bleibt geschlossen, ich muß Sie bitten, morgen wieder zu kommen!«

Während die Menge sich nach stundenlangem Warten mißmutig zerstreute, sagte einer der Wartenden:

»Ich finde es skandalös, daß diese Juden immer bevorzugt werden müssen ...«

*

Ein Jude spaziert durch einen Zoo, kommt am Löwenkäfig vorbei und sieht dort etwas Erstaunliches: im Käfig liegt ein Löwe und dicht neben ihm ein Lamm.

»Die Worte des Propheten sind wahr geworden!«, rief er aus. »Der Löwe ruht mit dem Lamm, also muß der Messias gekommen sein.«

Und alsogleich wirft er sich in den Staub, um lauthals zu beten.

Ein Wärter erscheint, sieht den betenden Juden und erkundigt sich, ob alles in Ordnung ist, oder ob er vielleicht ärztliche Hilfe bräuchte.

»Sehen Sie nicht, was ich sehe?« ruft der Jude ganz aufgeregt, »Der Löwe ruht mit dem Lamm, genau so wie es der Prophet Jeremias prophezeit hat!«

»Natürlich sehe ich das«, antwortet der Wärter, »das ist doch nicht außergewöhnlich.«

»Wie lange geht das schon so?«

»Ich schätze seit zwei oder drei Jahren.«

»Wie habt ihr das nur zuwege gebracht?«

»Ganz einfach: Der Löwe bekommt jeden Tag ein neues Lamm.«

*

Die Bewohner einer kleinen Stadt, die in einem tiefen Tal gelegen ist, werden eines Tages von der schrecklichen Nachricht ereilt, daß ein großer Damm geborsten ist und innerhalb von 24 Stunden das ganze Tal von Wassermassen überflutet sein wird. Ein Entkommen gibt es nicht, da bereits sämtliche Ausfahrtstraßen weggeschwemmt seien.

Der Pfarrer der katholischen Gemeinde versammelt seine Schäflein in der Kirche und fordert sie auf, all ihre Sünden zu beichten, um reinen Gewissens den Weg ins Jenseits antreten zu können.

Der evangelische Pastor fordert seine Gemeinde auf, die letzten Stunden in inbrünstigem Gebet zu verbringen, und vertröstet sie auf ein besseres Leben in der nächsten Welt.

Der Rabbi hingegen erklärt seiner Gefolgschaft:

»Herrschaften, wir haben knappe 24 Stunden Zeit, um zu lernen, wie man unter Wasser leben kann.«

✿

Der Rabbi saß mit einigen seiner liebsten Schüler um den Tisch, und man diskutierte über alles Mögliche (und Unmögliche). Da wurde plötzlich folgende Frage aufgeworfen:

»Wenn ihr euch wünschen könntet, was immer ihr wollt – und es ginge in Erfüllung, was würdet ihr euch wünschen?«

Eine längere Pause entstand, dann meldete sich Jossel zu Wort:

»Ich habe schon öfter darüber nachgedacht, und ich habe mir tatsächlich einen Wunschtraum ausgedacht. Aber der ist natürlich völlig unrealistisch.«

»Laß hören, Jossel!«

Jossel ringelte seine Schläfenlocken, und begann:
»Ich würde mir wünschen, in einem kleinen friedlichen Land König zu sein. Ich würde gerecht und weise regieren, und wäre beim Volke sehr beliebt. Ich säße in einem wunderschönen Thronsaal auf einem seidenen Thron, angetan mit einem seidenen Hemd, würde Recht sprechen, und alle meine Untertanen wären begeistert von meinen weisen Urteilen.«

»Ein schöner Wunschtraum«, nickte der Rabbi.

»Wartet Rabbi, der Traum ist noch lange nicht zu Ende. Denn eines Tages überfallen feindliche Truppen mein friedliches Land. Sie beginnen zu sengen, zu morden und zu plündern, sie nähern sich dem Königspalast, überwältigen meine treue Palastwache und wollen mich töten. Im letzten Moment gelingt es mir, nur mit meinem seidenen Hemd angetan, durch eine verborgene Tapetentür zu flüchten. Ich renne atemlos im Schutz der Dunkelheit aus meinem Palast, laufe über Stock und Stein, durch sengende Hitze und eisige Kälte tage- und nächtelang, bis ich endlich die Grenze überquere. Ich finde durch einen glücklichen Zufall das Haus, in dem mein Rabbi unterrichtet, erzähle ihm von meinem Schicksal, und er gewährt mir Unterschlupf. Ja mehr noch: Er erklärt sich bereit, mich in der Heiligen Schrift zu unterrichten, ich werde von seinen übrigen Schülern als Freund und Studienkollege angenommen – und so sitzen wir eines Tages um einen Tisch herum und werden nach unseren Wunschträumen befragt ...«

Der Rabbi lächelte milde: »Aber Jossel, genau das hast du ja erreicht!«

»Ja?« fragte Jossel vorwurfsvoll, während er seinen schäbigen Kaftan aufknöpfte. »Und wo ist das seidene Hemd?«

＊

In einer kleinen Stadt in der Ukraine wurde die Leiche eines jungen Mädchens gefunden. Selbstverständlich ging sofort das Gerücht durch die Stadt, daß es sich nur um einen Ritualmord handeln könne, und die kleine jüdische Gemeinde befürchtete wieder einmal ein Pogrom.

Man traf sich also in der Synagoge, um zu besprechen, was zu tun sei. Manche rieten zur sofortigen Flucht, andere berieten Verteidigungsmaßnahmen, wieder andere wollten an die Regierung appellieren. Die Diskussion wogte hin und her, wurde immer hitziger und artete – wie bei solchen Anlässen üblich – in Verbalinjurien aus.

Plötzlich betrat der Präsident der Gemeinde atemlos den Raum und rief:

»Brüder! Ich habe – Gott sei's gepriesen – eine wunderbare Nachricht: Ihr braucht Euch keine Sorgen mehr zu machen. Es hat sich herausgestellt, daß es sich bei dem ermordeten Mädchen um eine Jüdin handelt!«

＊

Zwei Emigranten aus Wien treffen sich in New York. Sie hatten einander seit Wien nicht gesehen, freuten sich, daß sie beide noch am Leben waren, und kamen ins Plaudern.

»Na, wie tust du dir in New York?«, fragte Blau seinen alten Freund Grün.

»Schrecklich«, erwiderte dieser, »ich kann mich nicht an diese englische Sprache gewöhnen, kein Mensch versteht mich, es gibt hier kein Kaffeehaus …«

»Aber das stimmt doch nicht«, unterbrach der Blau. »die Kaffeehäuser – oder zumindest sowas Ähnliches – gibt es schon, nur heißen sie hier anders, nämlich Cafeteria.«

»Und dort kann man wirklich Kaffee bestellen – und kriegt ihn auch?«

»Natürlich. Allerdings mußt du ihn auf englisch bestellen.«

»Wie soll ich das machen? Ich kann doch kein Wort Englisch!«

»So schwer ist das nicht: Du sagst einfach statt Kaffee ›Koffi‹.«

»Das ist alles?«

»Ja.«

»Aber was ist, wenn ich – Gott behüte – eine Mehlspeise dazu will?«

»Was für eine Mehlspeise stellst du dir vor?«

»Was weiß ich … zum Beispiel einen Apfelstrudel.«

»Apfelstrudel gibt es hier nicht. Aber so etwas Ähnliches kannst du dir bestellen, eine Art Apfelkuchen. Das nennt man hier ›Äpplpei‹.«

»Äpplpei?«

»Stimmt, du hast schon eine gute Aussprache.«

»Also wenn ich in so eine Cafeteria komm', und ich

sag' dem Kellner ›Äpplpei und Koffi‹, dann bringt er mir wirklich einen Kaffee und eine Mehlspeise?«

»Natürlich, davon lebt er ja!«

»Also das schau ich mir an!«

Der Grün ging also in die nächste Cafeteria und setzte sich aufgeregt an einen Tisch. Der Kellner kam, und fragte höflich:

»What can I do for you, Sir?«

Der Grün schluckte einmal nervös, dann sagte er zaghaft: »Äpplpei und Koffi«.

Der Kellner nickte, sagte: »Coming up!« und verschwand.

Während der Grün noch nachdachte, was »Coming up« bedeuten könnte, erschien der Kellner wieder und stellte erstaunlicherweise eine dampfende Schale Kaffee und ein Stück Apfelkuchen auf den Tisch.

Der Grün war fasziniert. Er kostete den Kuchen und stellte fest, daß er tatsächlich wie ein Kuchen schmeckte. Auf den Kaffee traf das zwar nur bedingt zu, aber Grün war schon zufrieden, daß er wenigstens ungefähr so aussah wie Kaffee.

Am nächsten Tag beschloß er, dieses Experiment zu wiederholen – und stellte zu seinem Erstaunen fest, daß es tatsächlich gelang. Tags darauf erschien er wieder in der Cafeteria, und der Kellner begrüßte ihn schon mit der Frage: »Applepie and Coffee, Sir?«

Der Grün nickte und Minuten später hatte er das Gewünschte am Tisch. Er war begeistert und stellte fest, daß man in diesem Land vielleicht doch irgendwie leben kann.

Nach einem halben Jahr traf er wieder seinen Freund Blau. Dieser fragte ihn:

»Na was ist, Grün, hast du dich schon ein bißl eingelebt in New York?«

»Schon irgendwie ... aber ich muß dir sagen ... dieser Äpplpei und Koffi wächst mir schon zum Hals heraus. Ich möchte so gern einmal was anderes bestellen, aber ich weiß nicht wie.«

»Also was willst du bestellen?«

»Na zum Beispiel einen Sandwich ... aber wie bestell' ich das?«

»Das ist doch überhaupt kein Problem! Sandwich heißt auf englisch auch Sandwich!«

»Unglaublich. Aber wie sag' ich dem Kellner, was auf dem Sandwich drauf sein soll?«

»Was soll drauf sein?«

»Zum Beispiel ein Stück Käse.«

»Gut. Dann merk' dir das Wort ›Tschies‹, das heißt Käse.«

»Tschies? Bist du sicher?«

»Natürlich bin ich sicher!«

Tags darauf ging der Grün aufgeregt in seine Cafeteria, wo ihn der Kellner schon mit den Worten »Applepie and Coffee?« begrüßte.

Der Grün holte tief Atem, dann sagte er: »No!«

Der Kellner sah ihn verwundert an, und Grün sagte:

»Sandwich und Tschies!«

»You mean a Cheese-Sandwich?«

Grün nickte triumphierend.

»Sir, do you want black bread or white bread?«

Der Grün dachte einen Moment nach, dann schüttelte er den Kopf und sagte ganz traurig: »Äpplpei und Koffi.«

❋

Es gab wieder einmal ein Pogrom in Kischinew. Die Kosaken zogen von Haus zu Haus, verprügelten die Juden, zerstörten, was nicht niet- und nagelfest war, und vergewaltigten die Weiber.

Ein Trupp kam zum Haus des Aaron Moisejewitsch und forderte Einlaß.

»Alle Weiber antreten zur Vergewaltigung!«

Der schreckensbleiche Aaron öffnete zitternd die Tür, und sagte dem Hetman:

»Euer Ehren, nehmt euch, was ihr wollt, mein Haus ist das eure – ich habe nur eine einzige Bitte: Im oberen Stockwerk wohnt meine alte Mutter. Ich flehe euch an, sie zu verschonen …«

Da erklang eine gebrechliche Frauenstimme aus dem oberen Fenster:

»Was heißt verschonen? Krieg ist Krieg!«

❋

In einem russischen Dorf wurde verlautbart, daß in der Umgebung ein wilder Bären gesichtet wurde, und die Bevölkerung wurde aufgefordert, den Bären zu erschießen.

Lazar Galperin hörte dies, ging sofort nach Hause, und begann seine Habseligkeiten einzupacken.

Ein Nachbar fragte ihn: »Was machst du da, Lazar?«

»Ich ziehe fort von hier.«

»Warum?«

»Hast du nicht gehört? Die Bevölkerung wurde aufgefordert, den Bären zu erschießen.«

»Na und?«

»Ich weiß genau, was sein wird. Wenn man anfängt zu schießen, wird man garantiert schon aus alter Gewohnheit auf die Juden schießen.«

»Aber du bist doch kein Bär!«

»Natürlich bin ich kein Bär, aber wie soll ich das beweisen, wenn ich tot bin?«

✿

Israel Zangwill, der englische Schriftsteller, wurde eines Tages von einem nichtjüdischen Kollegen gefragt:

»Warum schließen sich ihre Glaubensgenossen so von uns ab? Warum trauen sie niemandem, schließlich beten doch Juden und Christen zum selben Gott?«

»Das mag sein«, erwiderte Zangwill, »aber sie müssen verstehen, daß uns zwei Jahrtausende christlicher Nächstenliebe etwas mißtrauisch gemacht haben ...«

✿

Zwei Juden in einem ehemaligen Ostblockland treffen sich und kommen ins Gespräch:

»Du hast doch drei Söhne gehabt. Was ist eigentlich aus ihnen geworden?«

»Also mein Ältester, den hat man voriges Jahr nach Rumänien geschickt.«

»Was soll er dort machen?«

»Er hilft beim Aufbau des Kommunismus.«

»Masel tow! Und dein zweiter Sohn? Was macht der?«

»Der ist seit einiger Zeit in Ungarn.«

»Was macht er in Ungarn?«

»Was kann er schon machen? Er baut den Kommunismus auf.«

»Und dein dritter Sohn?«

»Der ist in Israel.«

»Was macht er dort? Baut er vielleicht auch den Kommunismus auf?«

»Meschugge geworden? Im eigenen Land?«

*

Als Gott, der Herr, den Esel erschuf, sagte ER ihm:

»Deine Aufgabe wird es sein, Tag für Tag zu arbeiten, du wirst auf deinem Rücken schwere Lasten zu tragen haben, du wirst Gras fressen und keine Intelligenz besitzen. Dein Leben wird fünfzig Jahre lang währen.«

Da sagte der Esel: »Fünfzig Jahre lang so zu leben, ist zu viel, oh Herr. Gib mir nicht mehr als zwanzig Jahre.«

Und Gott, der Herr, erhörte den Esel.

Dann schuf ER den Hund und sagte ihm:

»Du wirst das Haus des Menschen bewachen und wirst sein treuester Freund sein. Du wirst das zu fressen bekommen, was dir der Mensch überläßt, und wirst fünfundzwanzig Jahre zu leben haben.«

Der Hund erwiderte: »Herr, fünfundzwanzig Jahre als Hund zu leben, ist zu viel. Zehn Jahre Hundeleben genügen mir.«

Und Gott, der Herr, erhörte den Hund.

Dann schuf er den Affen und sagte ihm:

»Du wirst von Ast zu Ast schwingen, dich seltsam benehmen, du wirst die Menschen zum Lachen bringen, und deine Lebensspanne wird zwanzig Jahre sein.«

Da sagte der Affe: »Herr, zwanzig Jahre als Spaßmacher der Menschen zu leben, ist zuviel. Bitte gib mir nicht mehr als zehn Jahre.«

Und Gott, der Herr, erhörte den Affen.

Schließlich schuf ER den Menschen und sagte ihm:

»Du wirst Mensch sein, das einzige vernunftbegabte Geschöpf der Welt. Du wirst deinen Verstand gebrauchen, um als Krone der Schöpfung zu leben. Du wirst Herr über sämtliche andere Wesen sein, und du wirst zwanzig Jahre zu leben haben.«

Da sagte der Mensch:

»Herr, zwanzig Jahre sind nicht genug. Gib mir die zwanzig Jahre, die der Esel verweigerte, dazu die fünfzehn Jahre auf die der Hund verzichtete, und die zehn Jahre, die der Affe nicht haben wollte.«

Und Gott erhörte den Menschen.

Seitdem lebt dieser zwanzig Jahre lang als Mensch. Dann heiratet er und arbeitet zwanzig Jahre lang wie ein

Esel. Dann bekommt er Kinder und lebt fünfzehn Jahre lang wie ein Hund, muß das Haus beschützen und ernährt sich von dem, was ihm die Kinder im Eiskasten übrig lassen. Und die letzten zehn Jahre seines Lebens verbringt er wie ein Affe: Er benimmt sich seltsam, damit seine Enkelkinder etwas zu lachen haben.

Und Gott, der Herr, dachte sich: »Der Mensch als Krone der Schöpfung ist eigentlich ein Trottel ...«

✿

Die nun folgende Geschichte enthält vermutlich die traurigste aller Pointen. Diese Pointe wurde angeblich in einem Konzentrationslager erdacht und ging um die ganze Welt. Obwohl anzunehmen ist, daß die meisten Leser dieses Buches die Geschichte kennen, darf sie trotzdem in diesem Kapitel nicht fehlen. Sie steht hier für eine neue Generation, welche glücklicherweise mit den Zuständen während des Holocausts nicht vertraut ist.

Der SS-Kommandant eines Konzentrationslagers rief einen jüdischen Gefangenen zu sich und sagte:

»Hör zu, Jude! Ich habe ein Auge verloren und trage seitdem ein Glasauge, das von einem echten nicht zu unterscheiden ist. Wenn es dir gelingt zu erraten, welches meiner Augen das gläserne ist, dann laß' ich dich am Leben. Wenn nicht, dann...«

Der Jude nickte verständnisvoll und betrachtete aufmerksam die beiden Augen des Kommandanten. Nach einer Weile sagte er:

»Ihr linkes Auge ist aus Glas.«

»Unglaublich! Du bist der erste, der das erkannt hat. Wieso eigentlich?«

Der Jude zögerte eine Weile, dann fragte er: »Darf ich die Wahrheit sagen?«

»Natürlich!«

»Ich habe es erkannt, weil es mich so menschlich angesehen hat ...«

❋

Nachwort

Kammersänger Alfred Jerger, der nicht nur ein großartiger Bariton, sondern auch ein besonders humorvoller Mensch war, erzählte mir vor langer Zeit die folgende Geschichte:

Kurz nach Ausbruch des Zweiten Weltkriegs wurde Richard Strauss aufgefordert, im Teatro Fenice in Venedig seine Oper »Salome« zu dirigieren. Nachdem er ein langjähriges Nahverhältnis zu Alfred Jerger hatte – Jerger sang unter anderem bei der Uraufführung seiner »Arabella« die anspruchsvolle Partie des Mandrika – verpflichtete er ihn für die Rolle des Jochanaan.

Die Premiere ging mit großem Erfolg über die Bühne, es wurde ausgiebig gefeiert, und nach der Feier stellte Richard Strauß eine unerwartete Frage an Alfred Jerger:

»Wissen Sie, Jerger, wir haben die nächste Vorstellung erst in drei Tagen, haben Sie bis dahin etwas Besonderes vor?«

»Nicht daß ich wüßte ... warum fragen Sie, Meister?«

»Ich habe mir folgendes überlegt: Nicht weit von hier, in der Gegend von Murano, hat mein Freund Gerhart Hauptmann eine Villa gemietet, wo er den Sommer verbringt. Er hat mich eingeladen, ein oder zwei Tage bei ihm zu verbringen ... hätten Sie Lust mitzukommen?«

»Selbstverständlich«, sagte Jerger ohne nachzudenken.

»Also gut. Morgen um acht Uhr früh fahren wir los.«

Am nächsten Morgen stand das feudale Luxusgefährt des Meisters – ein weißer »Horch« – vor dem Hotel. Der livrierte Chauffeur öffnete den Wagenschlag, und die beiden Herren stiegen ein.

Nach einigen Minuten kam Jerger zu Bewußtsein, auf was er sich da eingelassen hatte:

»Mein Gott«, dachte er bei sich, »was habe ich eigentlich beim Treffen dieser beiden deutschen Kulturgiganten verloren? Worüber soll ich mit ihnen reden? Am liebsten würde ich mich in einen Winkel verkriechen, um nicht unangenehm aufzufallen ... oder nein, ich sollte womöglich gleich aussteigen und zu Fuß zurückgehen ...«

Letzteres war unmöglich, weil der weiße Horch viel zu schnell unterwegs war. Also ergab er sich seinem Schicksal und ließ die Dinge mit höchst gemischten Gefühlen auf sich zukommen.

Endlich hielt der Wagen vor dem eleganten Sommerwohnsitz Gerhart Hauptmanns. Der greise Dichter eilte die Stufen herab, um seinen Freund Richard Strauss herzlich zu begrüßen. Dann wandte er sich mit folgenden Worten an Alfred Jerger:

»Sie sind also der Mann, von dem mir mein Freund Richard so viel erzählt hat. Ich freue mich aufrichtig, Sie endlich kennen zu lernen!«

»Bitte was«, stotterte Jerger, »hat Ihnen der Herr Doktor Strauss von mir erzählt?«

»Er hat gesagt, daß Sie ein unerschöpfliches Repertoire an jüdischen Witzen haben, die Sie so großartig erzählen können!«

Und so begab es sich, daß Alfred Jerger zwei Tage lang – mitten in der Nazizeit – den beiden »Giganten der deutschen Kultur« nichts als jüdische Witze erzählen mußte.

＊

Der jüdische Witz muß also etwas an sich haben, das Witze der übrigen ethnischen Gruppen nicht besitzen. Was dieses »etwas« ist, das ist nicht leicht zu definieren.

Ich glaube, daß es in erster Linie die ironische Distanz zum eigenen – meist trüben – Schicksal ist.

Oft ist es Hilflosigkeit, die eine Pointe entstehen läßt: Wenn man sich schon gegen einen Feind nicht zur Wehr setzen kann, dann tut es gut, ihn lächerlich zu machen.

Und noch öfter ist es einfach Selbstkritik, eine Eigenschaft, die bei keiner anderen Schicksalsgemeinschaft so häufig anzutreffen ist, wie bei den Juden. Hier ein klassisches Beispiel:

Wenn man einen Antisemiten fragt, was er von den Juden hält, dann sagt er etwa:

»Ein schreckliches Volk. Diese Leute sind immer auf sich bedacht, glauben etwas Besseres zu sein, sind voller Mißtrauen gegen alle Andersgläubigen, und daher will ich nichts mit ihnen zu tun haben.«

Dann fragt man ihn: »*Aber was ist mit dem Cohn?*«
»*Der ist eine Ausnahme, welche die Regel bestätigt. Ein Ehrenmann durch und durch, er ist einer meiner besten Freunde ...*«
Wenn man hingegen einen Juden zum gleichen Thema befragt, dann sagt er:
»*Die Juden sind das auserwählte Volk Gottes. Sie sind selbstlos und hilfsbereit, wo immer sie können. Sie sind das Volk, das die meisten Nobelpreisträger hervorgebracht hat, und sie haben der Menschheit mehr gegeben, als irgendein anderes Volk.*«
Dann fragt man auch ihn: »*Und was ist mit dem Cohn?*«
»*Der Cohn? Ein mieser Verbrecher, ein Betrüger, mit dem ich nicht am gleichen Friedhof begraben sein will!*«

❈

Natürlich ist es denkbar, daß dem nichtjüdischen Leser hin und wieder eine Pointe dieses Buches verborgen geblieben ist. Für diese Eventualität gibt es auch eine Geschichte:
Zwei amerikanische Juden besuchen Israel, besichtigen alle Sehenswürdigkeiten, und sind von allem, was sie sehen, hellauf begeistert. Eines Abends besuchen sie ein Nachtlokal, wo nebst etlichen leichtgeschürzten Tänzerinnen auch ein Komiker auftritt, der das Publikum zu wilden Lachstürmen hinreißt.
Einer der beiden Amerikaner lacht bei jeder Pointe mit

den übrigen Anwesenden laut schallend mit. Da fragt ihn der andere:

»Was lachst du so, du verstehst doch kein Wort Hebräisch?«

»Das macht nichts. Ich vertraue dem Mann bedingungslos!«

In diesem Sinne darf ich Sie, bezaubernde Leserin, verehrter Leser bitten, auch mir zu vertrauen.

✿

Im berühmten Musical »Fiddler on the Roof« (zu Deutsch »Anatevka«) wird ein alter jüdischer Stoßseufzer zitiert:

»Lieber Gott, es ist ja sehr schön, dem auserwählten Volk anzugehören – aber könntest du dir nicht endlich ein anderes Volk auswählen?«

Wir wissen, daß dieser Wunsch ganz sicher niemals erhört wird. Vielleicht liegt es daran, daß Gott andere Sorgen hat, oder daß er sein vor Jahrtausenden abgegebenes Versprechen längst vergessen hat.

Die Juden werden also auch weiterhin das Stigma des »Andersseins« zu tragen haben. Die einzige Linderung, die sie gegen dieses Schicksal gefunden haben, ist ihr Witz.

Und der wird ihnen erhalten bleiben, so lange es sie gibt. Wenn der jüdische Witz einmal verloren gehen sollte, wird die gesamte Menschheit sehr zu bedauern sein ...